Tarô de Marselha

Manual Prático

Tarô de
Marselha

Original Tarot

Ademir Barbosa Júnior
(Dermes)

Tarô de Marselha

Manual Prático

© 2019, Editora Anúbis

Revisão:
Tânia Hernandes

Imagem de capa:
Carlos Amarillo/Shutterstock.com

Projeto gráfico, capa e cartas do baralho:
Edinei Gonçalves

Dados Internacionais de Catalogação na Publicação (CIP)
(Câmara Brasileira do Livro, SP, Brasil)

Barbosa Júnior, Ademir
Tarô de Marselha: manual prático / Ademir Barbosa Júnior.
-- São Paulo: Anúbis, 2015.

Bibliografia
ISBN 978-85-67855-25-7

1. Esoterismo 2. Magia 3. Oráculo 4. Tarô 5. Sorte - Leitura
I. Título.

15-01892   CDD-133.32424

Índices para catálogo sistemático:
1. Tarô de Marselha : Artes divinatórias :
Ciências ocultas   133.32424

São Paulo/SP – República Federativa do Brasil
Printed in Brazil – Impresso no Brasil

Este livro segue as novas regras do Acordo Ortográfico da Língua Portuguesa.

Os direitos de reprodução desta obra pertencem à Editora Anúbis. Portanto, não é permitida a reprodução total ou parcial desta obra, de qualquer forma ou por qualquer meio eletrônico, mecânico, inclusive por meio de processos xerográficos, incluindo ainda o uso da internet, sem a permissão expressa por escrito da Editora (Lei nº 9.610, de 19.2.98).

Distribuição exclusiva
Aquaroli Books
Rua Curupá, 801 – Vila Formosa – São Paulo/SP
CEP 03355-010 – Tel.: (11) 2673-3599
atendimento@aquarolibooks.com.br

Agradecimentos

Agradeço à Adélia, que me iniciou no Tarô com alegria, bom humor e competência. Minha gratidão a todos aqueles que amorosamente leram/leem cartas para mim, dos mais diversos sistemas, das mais diferentes linguagens. Sinto-me agradecido e honrado pela confiança daqueles que me procuram para leituras e partilhas de experiências, de histórias, de vidas.

Sou grato ao Tarô, que tantas alegrias tem-me dado, em especial à *carta XII – O Enforcado*, dona do meu baralho; à *carta I – O Mago*, que cobre o baralho; e à *carta XVIIII – O Sol*, a qual sempre me lembra de que as nuvens são passageiras e, ao mesmo tempo, necessárias (Ou não haveria chuva.).

De modo especial, agradeço à Santa Sara Kali e ao Povo Cigano pela orientação, pela alegria e pela prosperidade.

Axé!

Ademir Barbosa Júnior
(Dermes)

Sumário

Agradecimentos 5
1. Introdução. 11
2. O Tarô de Marselha 13
3. Aspectos das Cartas 15
4. Os Arcanos Maiores. 19
    0 – O Louco 25
    I – O Mago 27
    II – A Papisa. 29
    III – A Imperatriz 31
    IIII – O Imperador 33
    V – O Papa 35
    VI – Os Enamorados. 37
    VII – O Carro. 39
    VIII – A Justiça 41
    VIIII – O Ermitão 43
    X – A Roda da Fortuna. 45
    XI – A Força. 47

Tarô de Marselha – Manual Prático

XII – O Enforcado	49
XIII – A Morte	51
XIIII – A Temperança	53
XV – O Diabo	55
XVI – A Torre	57
XVII – A Estrela	59
XVIII – A Lua	61
XVIIII – O Sol	63
XX – O Julgamento	65
XXI – O Mundo	67
5. Os Arcanos Menores	71
6. Tipos de Leitura	77
A. Método das Três Cartas	79
B. Cruz Céltica	80
C. Roda Astrológica	83
7. O Tarólogo e o Baralho	127
8. Tarô: Instrumento Lúdico de Autoconhecimento	129
9. Meditações com o Tarô I	135
0 – O Louco	135
I – O Mago	136
II – A Papisa	136
III – A Imperatriz	137
IIII – O Imperador	137
V – O Papa	138
VI – Os Enamorados	138
VII – O Carro	139
VIII – A Justiça	139
VIIII – O Eremita	140

Sumário

X – A Roda da Fortuna 140
XI – A Força 141
XII – O Enforcado 141
XIII – A Morte 142
XIIII – A Temperança 142
XV – O Diabo 143
XVI – A Torre 143
XVII – A Estrela 144
XVIII – A Lua 144
XVIIII – O Sol 145
XX – O Julgamento 145
XXI – O Mundo 146
10. Meditações com o Tarô II: O Casamento
    das Cartas 147
11. Bibliografia 153
O Autor 155

1

Introdução

O Tarô consiste num oráculo, num instrumento de autoconhecimento, de observação e apreensão da realidade, consultado por meio de cartas.

Ao longo da história, Tarô e cartas acabaram por confundir-se. Sua atual estrutura, fixada no século XVI, compõe-se de 78 cartas divididas entre Arcanos Maiores (22 cartas) e Arcanos Menores (56 cartas). Dos Arcanos Menores surgiu o baralho de cartas utilizado para diversos jogos, o qual se desfez da figura do Cavaleiro.

A origem das cartas de Tarô é antiquíssima. Alguns pesquisadores associam os Arcanos Maiores ao *Livro de Thoth*, dos egípcios. Outros, estabelecem ligação entre os Arcanos Menores e os jogos orientais. Não se sabe ao certo se ambos os tipos de Arcanos formavam originalmente um só conjunto ou foram reunidos posteriormente.

Como as cartas (ou lâminas, numa terminologia mais técnica), nas mais diversas representações no tempo e no

Tarô de Marselha - Manual Prático

espaço, tratam de arquétipos universais – e o objetivo deste livro não é estabelecer a história do Tarô, o que diversos bons autores já fizeram –, todas as atenções se concentrarão no tipo de baralho estudado: o Tarô de Marselha.

Ao tratar da importância do Tarô na vida cotidiana, Stuart R. Kaplan observa os nomes de publicações (revistas e periódicos) que, consciente ou inconscientemente, se relacionam com alguns dos Arcanos Maiores: *Time* (derivado de O Ermitão, que representa a passagem do tempo), *Fortune* (A Roda da Fortuna), *Star* (A Estrela), *Sun* (O Sol) e *World* (O Mundo).

2

O Tarô de Marselha

Já no final do século XV, as cartas de Tarô italianas sofreram diversas modificações. Populares na Europa, principalmente na França, as cartas do Tarô de Marselha passaram a trazer as figuras dos 22 Arcanos Maiores e as 56 figuras dos Arcanos Menores representadas inteiramente e não apenas com a metade duplicada em sentido oposto.

Independentemente da procedência do baralho, na Europa dessa época, as cartas dos Arcanos Maiores eram conhecidas em francês. Já os naipes, em italiano.

A numeração em algarismos romanos permaneceu ao longo do tempo, bem como os nomes por extenso dos Arcanos Maiores, exceção feita, na maioria dos baralhos, à carta XIII – *A Morte*.

Há tantas maneiras de se representar os Arcanos Maiores quanto os baralhos de Tarô. Mesmo o Tarô de Marselha não apresenta um único modelo de representação, pois há pequenas variações de figuras, detalhes, cores etc.

Tarô de Marselha – Manual Prático

O baralho que serve de estudo para este livro constitui-se num dos mais populares. Todavia, há duas ocorrências que não podem deixar de ser frisadas quando se comparam os Tarôs de Marselha e de Rider (Cujas ilustrações foram organizadas por Arthur Edward Waite e Pámela Colman Smith.).

No Tarô de Rider, segundo alguns estudiosos, por influência da Cabala, desconsideram-se as posições originais das cartas *A Justiça* e *A Força*, que passam a ser, respectivamente, as de número XI e VIII. Outra observação digna de nota: no Tarô de Marselha, na carta XII, *O Enforcado* aparece suspenso pelo pé esquerdo (que representa o inconsciente); já no de Rider, pelo pé direito (que representa o consciente).

3

Aspectos das Cartas

A versão do Tarô de Marselha que será aqui estudada apresenta uma chave de leitura disposta a seguir em formato de tabelas. Tais elementos serão apontados na descrição de cada carta dos Arcanos Maiores; entretanto sem maiores detalhes, uma vez que o leitor poderá consultar as referidas tabelas. Além disso, serão retomados na síntese dos Arcanos Menores.

Tarô de Marselha – Manual Prático

Figuras Geométricas	
Ponto, círculo e triângulo.	Essência, espírito. Ponto: o espiritual potencial, embrionário. Círculo: o espiritual em realização. Triângulo: o espiritual polarizado[1].
Cruz e/ou quadrado.	Mundo material, sofrimento, necessidade de superação e transcendência. Enquanto o quadrado e o cubo expressam, sobretudo, o materialismo, a cruz evoca o sofrimento no físico (hábitos, perdas, vícios e outros).
Lemniscata.	A alma, a essência do ser, processos que não são determinados pela personalidade. A forma da lemniscata (Do latim, *lemniscatus, a, um*, adjetivo que significa "ornado de fitas".) lembra um 8, o símbolo do infinito, um laço de fita (*O Mago* e *A Força*).

Cores	
Vermelho	Ação, violência, agressividade, arroubo, sexualidade, virilidade.
Azul	Passividade, introspecção, ponderação, materialismo, indecisão, feminilidade.
Amarelo	Intelecto, fixações intelectuais. Quando aparece na cabeça, expressa intelectualismo, atividade intelectual. Nos braços e pernas, traduz esperteza ou trabalho com as mãos e os pés.
Branco	Pureza, alma, essência do ser, crescimento interior.
Verde	Regeneração, decomposição, desagregação, renovação.

---

1. Para cima ou para baixo, ou ainda combinados, como os dois triângulos entrelaçados que formam o chamado selo de Salomão: o triângulo apontado para cima indica a divinização do humano, enquanto o que aponta para baixo representa a descida do divino à matéria.

Aspectos das Cartas

Objetos	
Bastão ou clava (Paus)	Ação, intelectualidade, poder (cetro).
Copo ou taça (Copas)	Receptividade, passividade, emoções.
Espada ou punhal (Espadas)	Ação, atividade física, violência.
Moeda, roda ou pentáculo (Ouros)	Matéria, ambiente exterior.

Direção e Posição	
Para a esquerda.	Passado.
Para a frente.	Presente (quando encara o consulente).
Para a direita.	Futuro.
Figura em pé.	Ação imediata; acontecimento próximo.
Figura sentada.	Ação demorada; acontecimento que prescinde de tempo para se efetivar; influências do passado.
Olhar para baixo.	Acontecimentos ou ações do passado que interferem em assuntos presentes.
Olhar para diante.	Para a direita ou para a esquerda, conforme um plano horizontal: acontecimentos atuais, presentes.
Olhar para cima.	Possibilidade de ação ou de liberação (*O Louco*).

4

Os Arcanos Maiores

Os Arcanos Maiores, numerados de I a XXI, contêm ainda uma carta não numerada, *O Louco*, que ora pode corresponder a 0 (Como quando se refere ao futuro, na somatória do Método das Três Cartas e quando se identifica à chamada carta por trás.), ora a 22 (Quando se refere ao passado ou ao presente.).

A numeração, no Tarô de Marselha, traz ainda algumas particularidades, como no caso da representação em algarismos romanos das cartas 4 (IIII), 9 (VIIII), 14 (XIIII) e 19 (XVIIII).

Tradicionalmente, as chamadas cartas positivas respondem a perguntas como "sim" e/ou "favorável". As negativas, como "não" e/ou "desfavorável". As que representam dúvida necessitam de outra carta para confirmação de sim/não ou favorável/desfavorável. Neste livro, trabalharemos esses conceitos no Método das Três Cartas e na chamada Cruz Céltica.

Tarô de Marselha - Manual Prático

Arcanos Maiores	Respostas
O Louco	Sim/Favorável
I – O Mago	Sim/Favorável
II – A Papisa	Sim/Favorável
III – A Imperatriz	Sim/Favorável
IIII – O Imperador	Sim/Favorável
V – O Papa	Sim/Favorável
VI – Os Enamorados	Talvez/Dúvida
VII – O Carro	Sim/Favorável
VIII – A Justiça	Sim/Favorável
VIIII – O Ermitão	Sim/Favorável
X – A Roda da Fortuna	Sim/Favorável
XI – A Força	Sim/Favorável
XII – O Enforcado	Não/Desfavorável
XIII – A Morte	Não/Desfavorável
XIIII – A Temperança	Sim/Favorável
XV – O Diabo	Não/Desfavorável
XVI – A Torre	Não/Desfavorável
XVII – A Estrela	Sim/Favorável
XVIII – A Lua	Não/Desfavorável
XVIIII – O Sol	Sim/Favorável
XX – O Julgamento	Talvez/Dúvida
XXI – O Mundo	Sim/Favorável

Os Arcanos Maiores

Grosso modo, com base no esquema apresentado por Carlos Godo, as cartas de I a VII representam o desenvolvimento do homem para triunfar nos campos da matéria e do espírito. As cartas de VIII a XII apresentam mensagens, avisos, recados sobre perigos e dificuldades (As cartas de VIII a X apontam para a conscientização, ao passo que as de números XI e XII indicam os mecanismos/processos para o ser humano, consciente, vencer os obstáculos.). As cartas de números XIII, XIIII e XV identificam forças utilizadas ou combatidas para a evolução interior. A carta XVI significa ruptura, transição. Já as cartas de números XVII, XVIII e XVIIII indicam situações que dependem de fatores externos (XVII: início; XVIII: passividade/inércia; XVIIII: síntese das duas cartas anteriores/situação ideal). A carta XXI evoca o sucesso.

Se os Arcanos – Maiores e Menores – representam arquétipos, sua leitura/interpretação não pode ser hermética, uma vez que o ser humano é bastante complexo. Arquétipos constituem-se em representações abertas a novos acontecimentos, novas realidades. Ou, então, por exemplo, a carta V – *O Papa*, na casa 7 da Roda Astrológica, representaria eternamente o sacerdócio tradicional, e não outras formas de liderança espiritual.

Arcano (arcanus), adv. Em segredo, secretamente, em particular. **arcanum, i** (arcanus), n. Segredo, mistério. **arcanus, a, um** (arca), adj. 1. Discreto, escondido. 2. Oculto, secreto. 3. (Rel.). Misterioso, mágico.

Cada Arcano Maior apresenta aspectos de luz e sombra, geralmente representados pelas posições das cartas, comumente conhecidas como "posição correta" e "posição invertida". Evidentemente, tais posições decorrem da maneira como se misturam e dispõem as cartas. Entretanto, muitos tarólogos preferimos desconsiderar a chamada "posição invertida", de modo a trabalhar os aspectos de luz e de sombra conforme a própria disposição do jogo.

Por exemplo, a carta 2 do jogo chamado Cruz Céltica é conhecida como "obstáculo". Nesse contexto, caso a carta disposta seja a XXI – *O Mundo*, certamente deverão ser considerados os aspectos de sombra do Arcano.

Além disso, todos os estudos de Tarô devem ser amparados pela intuição, pelo bom senso e pela prática constante de jogos, o que, de modo natural, evita dúvidas e/ou leituras equivocadas.

No Tarô, nenhum símbolo é tomado ao pé da letra, em sentido absoluto. Dessa forma, a carta V – *O Papa* não representa necessariamente o líder máximo católico; a *Árvore da Vida* e a *Estrela dos Magos* presentes na carta XVII, bem como os anjos que aparecem em algumas cartas não pedem uma leitura literal do texto bíblico.

Exatamente porque o Tarô trabalha com arquétipos universais, ao longo do livro o leitor encontrará correlações com universos culturais os mais diversos: Antiguidade Clássica, Candomblé etc.

Ao estudarmos as características de cada Arcano Maior, observaremos que nenhuma força e/ou polaridade é negada. Ao contrário, para encontrar o equilíbrio, o ser humano não pode obscurecer nenhuma de suas características, ainda que negativas, conforme demonstra a carta XI – *A Força*. Deve, portanto, literalmente fazer de sua fraqueza, força: Se alguém, por exemplo, é agressivo, que tal canalizar essa agressividade para o esporte ou mesmo para vencer desafios – de maneira firme e ao mesmo tempo suave – no mundo dos negócios?

Carma

Segundo a lei de ação e reação, carmas são consequências de ações passadas (nesta ou noutras existências). Ao contrário do que muitas vezes se apregoam, os carmas não são apenas negativos, mas podem também ser positivos.

Quanto aos carmas negativos, embora haja uma programação no plano espiritual para cada existência, mediante ações positivas, podem ser modificados, atenuados, ou mesmo suprimidos. Tudo depende das decisões pessoais, ou seja, do livre-arbítrio. Mesmo os carmas positivos podem ser modificados para negativos, caso o indivíduo não lide com eles de maneira equilibrada.

Há também os chamados carmas coletivos, os quais também podem ser alterados, modificados.

*Para ser grande, sê inteiro:
nada teu exagera ou exclui.
Sê todo em cada coisa.
Põe quanto és no mínimo que fazes.
Assim em cada lago a lua
toda brilha, porque alta vive.*

(Ricardo Reis, 14-2-1933)

0 - O Louco

Descrição

Um rapaz, com um chapéu de bobo e com uma sacola às costas, com roupa rasgada, que caminha despreocupadamente, segurando um bastão, e é perseguido por um cão. O pequeno poncho que veste, ornado de bolas, representa frivolidade. As cores da roupa do rapaz denotam conflito de emoções. Seu chapéu é predominantemente amarelo. A sacola aos ombros representa o potencial para se tornar *Mago* (carta I) ou chegar ao *Mundo* (carta XXI).

A expressão de seu rosto é inconsequente, ingênua ou inocente.

Além disso, segura com convicção um bastão, o qual mal toca o solo, representando esse bastão um cetro, ou uma espada, ou algum tipo de apoio – diversas são as possibilidades de interpretações.

Já o cão evoca emoção, desejos etc.

Observe-se a direção da figura e de seu olhar.

No chão, vicejam plantas.

Significado

Passividade. Abertura de novos horizontes. Início de novo processo. Possibilidade. Entusiasmo juvenil.

Significado oposto

Inconsequência. Impulso cego. Falta de direção.

Carta conhecida também como *O Bobo*.

I - O Mago

Descrição

Um homem, usando uma lemniscata (símbolo do infinito e do conhecimento esotérico), por detrás de uma mesa. Segura um bastão com a mão esquerda, enquanto que com a direita segura uma moeda. Seus ombros formam um círculo. A mesa, o quadrado da matéria. Os braços, o *Aleph* (primeira letra do alfabeto hebraico).

Sobre a mesa, aliás, os objetos disfarçam o potencial de outros: punhal (espada), taça (cálice), moeda (círculo), bastão (cetro).

O vegetal significa vitalidade.

Significado

Atuação, estudo, escrita, eloquência, persuasão. Início de atividades. Inteligência atenta e aberta. Aceitação de riscos.

Significado oposto

Charlatanice. Covardia. Fraude.

Os Arcanos Maiores

II - A Papisa

Descrição

Sentada, a papisa segura um livro (fonte de sabedoria). Seu tronco juntamente com a cabeça formam um triângulo ascendente (espiritual). Já a parte inferior da cabeça compõe o sinal da matéria (quadrado).

Predomina em suas vestes a cor azul, porém o losango vermelho evoca a vagina, a atividade escondida.

Significado

Intuição, algo escondido. Silêncio ou necessidade de silêncio. Alguém estrangeiro. Sentimento religioso e/ou espiritual. Influência da Lua e de Saturno.

Significado oposto

Preguiça. Imaginação em excesso. Intenções hostis.

Carta conhecida também como *A Sacerdotisa*.

> **A Papisa Joana**
>
> Conta-se que no século IX uma jovem inglesa apaixonou-se por um monge. Para ficar perto de seu amado, vestiu-se de homem e ingressou no convento. Após a morte do monge, a jovem continuou a fingir ser um dos religiosos. Em Roma, para onde se transferira, ascendeu ao cardinalato. Eleita papa João VIII, deu à luz em público a um bebê, fruto de sua união com um amante (camareiro, conselheiro ou cardeal), quando se revelou seu segredo. Em síntese, essa é a lenda da papisa Joana.

III - A Imperatriz

Descrição

Sentada num trono (que se confunde com asas), a imperatriz segura um cetro amarelo. A coroa representa realização, poder. As asas encurvadas da águia, que apontam para cima, representam a espiritualidade e a autoridade moral.

O tronco e a cabeça compõem o triângulo ascendente (espiritual). A parte inferior da figura forma o quadrado (matéria).

Predomina a cor azul em suas vestes. O vermelho refere-se à sexualidade feminina. Seu brasão está entre o céu e a terra. À sua esquerda, há uma planta.

Significado

Sabedoria. Força espiritual. Ação. Inquietude. Evolução. Progresso das forças da civilização. Influências femininas da Lua e de Vênus.

Significado oposto

Frivolidade. Vaidade. Falta de senso prático. Prodigalidade em excesso. Perda de bens materiais. Esterilidade.

IIII - O Imperador

Descrição

Homem maduro, com barba e bigode, sentado em seu trono, segurando um cetro amarelo, usando um cinto também amarelo e um medalhão.

Seu chapéu representa crescimento interior. Sua cabeça, juntamente com as costas, formam um triângulo ascendente, enquanto que as pernas cruzadas simbolizam a matéria.

Em seu brasão aparece uma águia, de asas abertas. No chão, uma planta viceja.

Significado

Forte autoridade. Necessidade de consulta a uma autoridade superior. Vontade. Força de execução. Riqueza material. Lei. Poder público. Perseverança. Certeza. Força resoluta. Influência de Saturno, Marte e Júpiter.

Significado oposto

Dogmatismo. Fraqueza de caráter. Imobilismo. Receio da autoridade.

V - O Papa

Descrição

Um ancião sentado num trono pontifício, com barba e bigode e com uma tiara na cabeça, na qual predomina o amarelo, isto é, a espiritualidade.

A mão direita aponta para a esquerda, também predominantemente amarela e que segura a cruz tríplice (força criativa nas esferas divina, intelectual e física), de modo a indicar a necessidade de iniciação nos estudos espirituais e/ou esotéricos, o que se confirma pelo formato do torso e da cabeça (triângulo ascendente).

Ta" de Marselba - Manual Prático

A veste de *O Papa* é azul, enquanto seu manto é vermelho.

As colunas por trás do papa representam asas em potencial. Uma evoca a lei; a outra, a obediência ou a desobediência (livre-arbítrio).

As duas figuras ajoelhadas representam os bons e os maus potenciais. Suas mãos formam um *Aleph*, o que representa um novo ciclo.

Significado

Dever. Consciência. Disposição para a vida religiosa e/ou espiritual. Conselhos. Generosidade. Perdão. Autoridade moral. Doação de conhecimento.

Significado oposto

Moralismo. Superstição. Pedantismo e incompetência como conselheiro.

Carta conhecida também como *O Hierofante* e *O Sumo Sacerdote*.

36

VI - Os Enamorados

Descrição

À esquerda, a mãe aponta para os genitais. À direita, a amada aponta para o coração. O Enamorado olha para a esquerda. No meio, o Cupido arma uma flecha e ao fundo, há o fogo lunar.

Na figura central predominam as listras, portanto não há cores dominantes (indecisão). Na figura da esquerda, predomina a cor vermelha, enquanto na da direita, a cor azul se destaca. Observem-se, ainda, a cor do chão aos pés da figura central e a direção da flecha.

Significado

Necessidade de decisões e de escolhas responsáveis. Escolha de relacionamento. Desejo e simpatia benevolentes. Casamento.

Significado oposto

Irresponsabilidade. Vícios. Hipocrisia. Indecisão.

> Carta conhecida também como *O Enamorado* e *Os Amantes*.

VII - O Carro

Descrição

Um conquistador coroado (Note a cor amarela.) apresenta-se em pé num carro em forma de cubo (carro = corpo material). No peito, usa uma armadura (proteção para os chacras). A moldura da figura formada por quatro mastros (Note-se: com equilíbrio das cores.) demonstra ainda certo apego à matéria.

Os cavalos, em direções opostas e com expressões distintas, representam as contradições (passividade e atividade etc.). Além disso, a cabeça escura encara a clara, enquanto

Tarô de Marselha – Manual Prático

esta ignora àquela, de maneira a evocar a resistência do lado da luz em reconhecer o lado sombra.

Enquanto o cetro é amarelo, uma das mangas é amarela, e a outra, vermelha. No tórax da figura tem-se o azul. As ombreiras apresentam feições, também distintas, como as dos cavalos. Representam Urim e Tumim, utilizados como oráculo para conhecer o divino.[2]

No centro, vicejam plantas.

Significado

Triunfo merecido. Sucesso, sobretudo no que se inicia sob a influência de Júpiter. Viagens bem-sucedidas. Trabalhos executados com sucesso. Vitória sobre os obstáculos.

Significado oposto

Colapso inesperado de planos. Doenças. Fracassos. Prejuízos. Perdas no último momento.

---

2. *A Bíblia* e *O Livro de Mórmon* referem-se a esse oráculo.

VIII - A Justiça

Descrição

Sentada entre duas pilastras da cadeira, que formam asas e representam as forças positivas e negativas, *A Justiça* é uma figura feminina coroada. Os ombros e a balança constituem um triângulo ascendente.

Azul e vermelho se equilibram. Enquanto o símbolo do equilíbrio pende da mão esquerda da figura, na mão direita há uma espada erguida (matéria), alerta, apontada para cima. Coroa, balança, espada e trono são amarelos.

Em posição frontal, a figura feminina apresenta-se com expressão decidida. No chão, uma planta.

Significado

Equilíbrio. Regularidade. Honra. Harmonia. Estabilidade. Conservação. Ordem. Razão. Lei. Virtude. Integridade.

Significado oposto

Complicação. Fanatismo. Timidez. Intolerância. Desordem. Injustiça.

VIIII - O Ermitão

Descrição

Apenas o rosto, a lanterna, as mãos e o bastão despontam das roupas deste velho barbudo e encurvado. A cabeça apresenta-se descoberta. Na mão esquerda, o bastão apoia-se no chão. Na direita, eleva-se uma lanterna (vermelha e dourada).

Por dentro do manto e na ponta do capuz têm-se a cor amarela.

Taró de Marselha – Manual Prático

Significado

Silêncio. Morte social (isolamento). Meditação. Retirada da vida. Prudência. Sabedoria. Espírito de sacrifício.

Significado oposto

Avareza (em várias áreas). Falta de sinceridade. Busca por proteção. Atos imprudentes. Imaturidade. Misantropia.

Carta também conhecida como *O Eremita*.

Os Arcanos Maiores

A RODA DA FORTUNA

X - A Roda da Fortuna

Descrição

A roda da fortuna possui seis raios, o que significa que para cada estágio da vida existe um oposto. Contudo, não se vê o outro lado do eixo da roda, assim como a coluna direita que o apoia.

A figura alada e coroada, animalesca, sobre a roda, representa o homem de sucesso e a vitória (ilusória) sobre a existência. Os outros dois animais traduzem os altos e baixos da vida, assim como as forças negativas que tentam se apossar do ser humano descuidado, o medo do espiritual.

O ser que sobe é amarelo, espiritual, embora de aspecto

Tarô de Marselha – Manual Prático

animalesco. O que desce é vermelho e tem aspecto de símio. Observem-se, ainda, as expressões dos três animais.

Aos pés da roda encontram-se cruzes invertidas; isto é, ela apresenta bases espirituais. A roda é um círculo, sem princípio nem fim, símbolo da eternidade, da evolução, do progresso, do novo, do *motu perpetuo*.

Significado

Mudanças. Movimento. Resultados positivos ou negativos, dependendo das circunstâncias, das cartas vizinhas (numa jogada). Fortuna.

Significado oposto

Instabilidade. Falsidade. Ilusão. Mudanças para pior. Resultados positivos ou negativos, dependendo das circunstâncias, das cartas vizinhas (numa jogada).

Conhecida também como *A Roda*.

XI - A Força

Descrição

Uma mulher, com os braços cruzados, abre a boca de um leão. Seu chapéu é uma lemniscata, enquanto os ombros formam um semicírculo. Na parte superior da figura, as cores estão em equilíbrio. A figura parece dominar o leão sem dificuldades. Por sua vez, o animal não oferece resistência. O pé da mulher aponta para o futuro (lado direito).

Significado

Transmutação. Uso racional da força. Reconhecimento e consciência de vantagens e desvantagens. Utilização da verdadeira força, e não da arbitrariedade ou violência.

Significado oposto

Domínio da matéria. Inversão de valores.

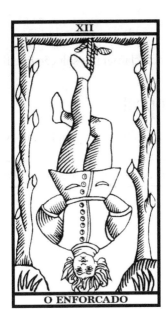

XII - O Enforcado

Descrição

As cores vermelhas predominam nos membros inferiores de um homem enforcado, cujo olhar é frontal em relação ao observador da carta. As pernas cruzadas indicam predomínio do material sobre o espiritual. Os pés, contudo, não estão amarrados, o que significa que a situação (de crise, de algo amarrado etc.) é passível de ser resolvida. O resto do corpo do homem forma o triângulo descendente, invertido, o que denota algo não natural. O quadrado (mundo material) envolve toda a figura. Os ramos dos troncos estão cortados. Na carta aparecem ainda plantas.

Significado

Crise interna a clamar por solução imediata. Passividade.

Significado oposto

Tentativa de solucionar problemas. Autocorreção.

Carta conhecida também como *O Pendurado*.

XIII - A Morte

Descrição

Um esqueleto, empunhando uma foice (vermelha e amarela) que atravessa seu pé esquerdo, limpa um terreno onde há cabeças (ideias), pés (movimento e controle da realidade) e mãos (ação).

Enquanto parte do esqueleto é revestida de carne, os braços e a foice formam uma lemniscata camuflada. Além disso, a cruz dos braços e a foice simbolizam Saturno.

No chão, de cor preta, há vegetação.

Tarô de Marselha - Manual Prático

Significado

Transformação. Morte (não necessariamente física).

Significado oposto

Fertilidade. Desenvolvimento. Influência de Júpiter, do Sol e da Lua.

XIIII - A Temperança

Descrição

Uma figura feminina e angelical segura dois recipientes, com água vertida, sem desperdício, de um para outro (O fluxo da água passa de três para dois.).

Seu olhar volta-se para o passado. As cores de sua roupa são equilibradas. Por sua vez, um dos vasos é vermelho e o outro é azul.

No chão, vicejam plantas.

Significado

União de opostos. Disciplina. Autocontrole. Viagem bem-sucedida. Sociabilidade.

Significado oposto

Falta de personalidade e/ou de controle. Corrupção geral. Indisciplina.

XV - O Diabo

Descrição

Uma figura demoníaca, com chifres e asas de morcego, em pé, num pedestal, segura com a mão esquerda uma espada quebrada enquanto mantém a mão direita levantada. Aos seus pés, duas figuras, com expressão satisfeita ou indiferente, são presas por cordas (símbolo das emoções) ao pescoço.

As asas formam um semicírculo, que traduz o desejo de voar, de purificar-se. O cinto do diabo, por sua vez, representa a fixação no sexo. Asas e membros azuis evocam passividade, preguiça. O corpo do diabo até o pênis compõe um triângulo descendente que termina na base quadrada, a qual evoca a matéria.

Significado

Estagnação. Frustração. Sensação de barreira intransponível.

Significado oposto

Não há.

XVI - A Torre

Descrição

Uma torre é atingida por um raio/uma labareda: duas pessoas caem ao chão.

A torre é retangular, seu teto é circular, com ameias amarelas. As pedras que descem dos céus são vermelhas, azuis e brancas, enquanto que o chão é amarelo.

O raio responsável pela separação entre a torre e o telhado representa a união de polos naturalmente separados (círculo e quadrilátero).

Plantas vicejam no solo.

Significado

Catástrofes. Excessos. Desastre. Perseguição de ideias genéricas. Influências belicosas: disputas, violência e, dependendo do contexto, guerra etc.

Significado oposto

Doenças. Falta de rumo. Punição injusta. Perda da liberdade. Ausência de definição.

> Carta também conhecida como *A Casa de* Deus,
> *O Hospital, A Torre Ferida pelo Raio,*
> *O Fogo Celeste, A Torre de Babel.*

XVII - A Estrela

Descrição

Uma moça nua, com um dos joelhos na terra, próxima a um riacho, joga a água de dois recipientes: parte do conteúdo cai no riacho (perda de ideias e ações) e parte no chão (fertilidade de ideias e ações).

Na figura, os quatro elementos, isto é, o fogo (as estrelas), o ar (o pássaro), a água (dos jarros) e a terra (solo onde está a moça) formam o quinto elemento, a espiritualidade.

Uma estrela maior (a Estrela dos Magos) é rodeada por outras sete estrelas menores.

Tanto os braços quanto os cabelos da moça, bem como a água vertida dos jarros evocam o fluxo de ying/yang. Na figura, ainda, tem-se o pássaro sobre a Árvore da Vida, desenvolvida. Ainda há outra planta que viceja.

Significado

Inspiração. Criatividade. Contato e inspiração de alguém.

Significado oposto

Má sorte (estrela). Doença mental. Emoções desenfreadas e/ou malconduzidas.

Os Arcanos Maiores

XVIII - A Lua

Descrição

A Lua suga a energia terrestre (Observe-se a direção das gotas, atraídas para a Lua).

Os dois animais uivam para a Lua. A lagosta, na lagoa de águas paradas (estagnação), representa Câncer. O chão e os dois castelos ao fundo são amarelos. Predomina na carta o azul.

Observe-se, ainda, a expressão do rosto no interior da Lua.

No chão, plantas vicejam.

Significado

Algo ruim (aviso). Excesso de imaginação. Influências negativas, deletérias. Drogas. Alcoolismo. Instabilidade. Exposição a perigos. Relação com estados de sono (sonhos, pesadelos etc.).

Significado oposto

Decepção. Falsas opiniões. Fraude. Pequenos prejuízos.

Os Arcanos Maiores

XVIIII - O Sol

Descrição

O Sol espalha sua energia generosamente, para todos os lados (Observe-se a direção das gotas e dos raios do Sol).

As crianças apresentam-se amistosas, solidárias e evocam Gêmeos. Quase nuas, sua exposição significa que nada têm a ocultar.

O muro significa proteção, isolamento, e também eventos passados que foram alcançados, superados.

Predomina na carta a cor amarela.

Significado

Presságio favorável. Facilidade e clareza de expressão. Boas relações. Amizade leal. Contentamento no amor. Sucesso grandioso.

Significado oposto

Mal-entendidos. Perda de valores. Falhas. Inveja. Mau-olhado.

XX - O Julgamento

Descrição

Um anjo, do céu, soa uma trombeta em direção a Terra, enquanto uma figura, ladeada por outras duas de mãos postas, levanta-se de um túmulo.

Na mão esquerda, o anjo segura, ainda, uma flâmula com uma cruz (matéria) enquanto busca despertar os que ainda não se dispuseram a trilhar a senda espiritual.

As três figuras, por sua vez, evocam a Lua (mãe), o Sol (pai) e a humanidade (filho), que aparece de costas, a representar indefinição.

Já as duas outras figuras simbolizam guias espiritualizados, auxiliares dos que ainda se encontram mortos para a evolução espiritual.

As figuras, nuas, têm ao fundo uma paisagem árida e aparecem em número de três, em referência ao plano terrestre.

Significado

Regeneração. Sucesso frente à determinada dificuldade. Decisão legal e/ou judicial favorável. Proteção.

Significado oposto

Falta de apoio, de ajuda. Divórcio. Indecisão. Falha num empreendimento. Rompimento de laços bem estabelecidos.

XXI - O Mundo

Descrição

Uma figura feminina (para alguns, andrógina) nua, envolta num véu diáfano, em pé, no centro de uma coroa/guirlanda, que evoca a coroa de louros da vitória, segura um bastão.

Aparece na figura o círculo (espírito sobre a matéria), em equilíbrio entre atividade e passividade. Rodeiam o círculo os quatro elementos: ar (anjo), água (águia), fogo (leão) e terra (touro).

Taró de Marselha – Manual Prático

As cores da guirlanda aparecem em equilíbrio. Note-se, ainda, o olhar da figura e as pernas, em posição inversa à de *O Enforcado* (XII).

Significado

Recompensa. Sucesso. Segurança. Realização.

Significado oposto

Obstáculo a ser superado. Ligação a questões terrenas. Insegurança.

Observe-se que *O Enforcado*, após resolver as crises do caminho para a evolução, atinge o sucesso na carta *O Mundo*, ficando novamente em pé.

Uma maneira bastante interessante de estudar os Arcanos Maiores é agrupá-los em grupos conforme seus números reduzidos a um só algarismo de 1 a 9, juntamente com o 0 (*O Louco*). Esse sistema, dentre tantos, permite observar as correspondências (convergências e oposições) das cartas de cada grupo.

Os Arcanos Maiores

1 – O Mago	10 – A Roda da Fortuna (1 + 0 = 1)	19 – O Sol (1 + 9 = 10/1)
2 – A Papisa	11 – A Força (1 + 1 = 2)	20 – O Julgamento (2 + 0 = 2)
3 – A Imperatriz	12 – O Enforcado (1 + 2 = 3)	21 – O Mundo (2 + 1 = 3)
4 – O Imperador	13 – A Morte (1 + 3 = 4)	
5 – O Papa	14 – A Temperança (1 + 4 = 5)	
6 – Os Enamorados	15 – O Diabo (1 + 5 = 6)	
7 – O Carro	16 – A Torre (1 + 6 = 7)	
8 – A Justiça	17 – A Estrela (1 + 7 = 8)	
9 – O Ermitão	18 – A Lua (1 + 8 = 9)	
0 – O Louco	–	

5

Os Arcanos Menores

Cada carta dos Arcanos Menores pode ser estudada separadamente ou dentro do contexto de uma jogada.

A seguir, em forma de tabelas, há uma síntese sobre as características principais desses Arcanos, bem como sugestões de interpretações.

Muitos tarólogos não trabalhamos com os Arcanos Menores. No lugar deles, numa leitura, independentemente do método, para cada Arcano Maior acrescentamos outras duas cartas do Baralho Cigano. Outros tarólogos utilizam-se apenas dos Arcanos Maiores.

Tarô de Marselha - Manual Prático

Cores	
Vermelho.	Atividade, vidência.
Azul.	Passividade, feminilidade.
Amarelo.	Inteligência, intelectualidade, sociabilidade.
Verde.	Putrefação, renascimento, potencialidade, reação.
Negro.	Ausência, parada temporária (suspensão), algo ainda não revelado, oculto.

Naipes	
Paus.	Yang, intelectualidade, espiritualidade, criatividade, poder, reflexão, racionalismo, poder.
Copas.	Ying, amor, sentimentos, paixões, ensino, passividade, sensibilidade, expectativa, fragilidade.
Espadas.	Ação, violência, adversidade, antagonismo, transformação, morte, luta, ferimentos, golpes (inclusive de sorte), coincidências, algo não planejado, intempestividade.
Ouros.	Materialismo, realização, riqueza (resultado), final de processo ou de esforço, sensualidade, egocentrismo, ambição, jogo.

Os Arcanos Menores

Figuras	
Rei.	Aquele que exerce poder sobre o consulente. O elemento masculino: pai, patrão, marido, líder religioso etc.
Rainha.	Aquela que dá condições de O Rei se expressar de modo não deletério. O elemento modificador, feminino (mãe, filha, amante, esposa, amiga etc.).
Cavaleiro.	Pessoas ou situações que geralmente motivam a consulta. O elemento atuante: namorado, inimigo, credor etc.
Valete.	Pessoas relacionadas ao problema, ainda que de maneira indireta, porém de modo a provocar angústia, ansiedade no consulente. O elemento intermediário: amigo próximo, pessoa da família etc.

Figura precedida ou recebendo influência de	
Um arcano maior.	Explica o arcano maior em consonância com a pergunta feita.
Uma figura.	Representa relação de poder, de autoridade, de ação.
Um número.	Representa relação de parentesco.

Tarô de Marselha – Manual Prático

Figura que precede ou influencia	
Um arcano maior.	Limita o significado do arcano, apresentando a situação de modo mais inevitável. Localiza a ação do arcano sobre a situação de poder ou da pessoa que ele representa.
Uma figura.	Modifica o significado das cartas seguintes. Indica responsabilidades, manipulações, pessoas envolvidas.
Um número.	Indica tempo. De modo geral, o rei representa anos; a rainha, meses; o cavaleiro, semanas; o valete, dias. Há outras interpretações possíveis (Vide tabela seguinte.).

Números dos Arcanos Menores	
1	Inteligência, início de ação, criatividade.
2	Dualidade, passividade, receptividade, dificuldade.
3	Fecundidade, término de processo, estabilização temporária, possibilidade de sucesso, perfeição.
4	Matéria, passividade em excesso, inércia, possibilidade de novo início, contudo não com o resultado positivo esperado.
5	O físico do ser humano: saúde, relações interpessoais, sociais, políticas e de poder.
6	Obstáculos ou dificuldades provocados por fatores internos (psíquico, fisiológico, metabólico) ou externos (situações imprevistas, outrem, acidentes, enganos etc.).
7	Triunfo, encerramento de algo com sucesso.
8	Sofrimento, tormento, sucesso parcial.
9	Obrigação, sucesso com perigo de estagnação, necessidade de mudança de rumo.
10	Mudança, fim de ciclo, ponderação, estudo, avaliação.

Os Arcanos Menores

Síntese de Possíveis Intepretações

	VALETE	CAVALEIRO	REI/RAINHA	ÁS
	Um pouco rápido/ 1 semana.	A caminho/ 6 meses.	Realização/ 1 ano.	Imediato/duradouro.
PAUS	Pouca espiritualidade ou pouco estudo.	A caminho da espiritualidade e/ou do estudo.	Realização espiritual e/ou no estudo.	Proteção espiritual, sorte.
COPAS	Pouco amor.	A caminho do amor com satisfação.	Realização sentimental.	Muito amor, satisfação.
OUROS	Pouco dinheiro.	A caminho do dinheiro.	Realização financeira. Bom administrador.	Muito dinheiro. Sorte. Prosperidade.
ESPADAS	Pouco trabalho. Fofocas. Brigas.	A caminho de um trabalho.	Realização profissional.	Vitória. Ótimo trabalho.

6

Tipos de Leitura

Inúmeros são os tipos de leitura possíveis com as cartas do Tarô. Independentemente do método escolhido, costuma-se baralhar as cartas da direita para esquerda. Pede-se para o consulente cortá-las em direção ao tarólogo (Ou, na ausência do consulente, o próprio tarólogo assim procede)[3]. Terminada a leitura, as cartas devem ser desmagnetizadas da energia do consulente e/ou da sessão. Para tanto, há tarólogos que costumam assoprar as cartas, para depois colocá-las em ordem (Alguns as guardam aleatoriamente.).

Numa leitura de Tarô, ainda que o leitor possua intuição aguçada e/ou vidência, não se devem fazer diagnósticos ou marcar no calendário a morte de alguém (Talvez um dos motivos de maior resistência de muitas pessoas em

---

3. Nesse momento, alguns tarólogos preferem virar os montes, ou um dos montes, e analisar as duas cartas primeiras cartas como um percurso para a leitura e/ou pergunta feita.

Tarô de Marselha - Manual Prático

solicitar uma sessão de leitura.). Deve-se agir com respeito aos sentimentos e às emoções do consulente, de modo a não desequilibrá-lo.

O tarólogo pode fazer sugestões, como a de procurar um médico, de ficar atento a determinado problema de saúde, de rever pontos de um relacionamento amoroso etc. No caso de leituras feitas a distância, solicitadas por terceiros, as mesmas não devem ser transformadas em exercício de fofoca ou de curiosidade banal. Por outro lado, se a situação se justificar (Exemplo: uma mãe deseja fazer a Roda Astrológica de um filho com problemas, ou ainda algumas perguntas específicas por meio de um dos outros métodos apresentados.), deve-se antes pedir autorização à pessoa de quem se falará (ao seu inconsciente, ao espírito protetor, ou anjo da guarda, ou guia etc.).

A leitura presencial das cartas do Tarô pode ser iniciada com uma respiração lenta e profunda ou com uma prece ecumênica, comum tanto ao tarólogo quanto ao consulente. Todos devem sentir-se acolhidos pelo tarólogo, não importando a maneira como manifestem sua fé, suas crenças etc.

A numeração das cartas, sobretudo quando reduzida aos algarismos de 1 a 9, ou 1 a 12, quando se pretende abarcar um ano solar, representa o tempo de espera (dias, meses, ou mesmo anos). Figuras sentadas (ou ajoelhadas, como no caso de *A Estrela*) representam ação mais lenta, assim como *O Eremita* (idoso). Figuras em pé ou em movimento representam ação mais imediata.

78

Tipos de Leitura

Em cada leitura deve-se, ainda, observar se há grande ocorrência das chamadas cartas negativas (vide tabela) e avaliar o seu significado no conjunto. A resposta a uma questão formulada pelo Método da Cruz Céltica, por exemplo, pode ser favorável, contudo, o que representam as cartas negativas naquele jogo? O mesmo vale para a Roda Astrológica, o Método das Três cartas etc. Observe-se, ainda, se em diversas jogadas, ou como carta presente na Roda Astrológica e carta por trás, há incidência da(s) mesma(s) carta(s).

Para qualquer dúvida, pode-se pedir confirmação ou aprofundamento. Exemplos: algum tópico de uma leitura segundo a Roda Astrológica pode ser aprofundado pela Cruz Céltica; se há dúvida sobre um jogo de Cruz Céltica, refaça-se a mesma pergunta, ou acrescentem-se novos dados, e jogue-se novamente.

O Tarô deve ser usado, não de maneira a causar dependência, mas sempre para esclarecer, iluminar, auxiliar.

A. Método das Três Cartas

Este método responde a perguntas objetivas, bem delimitadas no tempo e no espaço, nos seguintes termos: sim/favorável; não/desfavorável; talvez/dúvida. No último caso, torna-se necessário tirar uma nova carta para confirmação. Há quem tire a próxima carta da sequência ou baralhe tudo novamente, peça para o consulente cortar etc. e, só então, retira a primeira carta.

Perguntas muito abrangentes, portanto, devem ser evitadas e refeitas com o auxílio do tarólogo. Em vez de "Minha empresa terá sucesso?", prefira-se "Hoje minha empresa terá sucesso?", ou ainda, "Hoje o volume de vendas de minha empresa será realmente lucrativo?".

Sorteiam-se três cartas, as quais devem ser analisadas em conjunto. Costumo associar ao Método das Três Cartas interpretações de outro sistema de leitura semelhante, mas que não trabalha com a somatória: a 1ª carta representa o passado; a 2ª o presente e a 3ª, o futuro. A somatória das três definirá a resposta (Vide tabela no Capítulo 4).

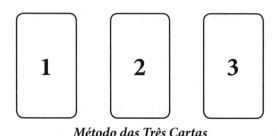

Método das Três Cartas

B. Cruz Céltica

Também utilizado para perguntas objetivas, mas mais detalhadas do que as perguntas feitas ao Método das Três Cartas, a Cruz Céltica (ou Celta) apresenta o seguinte esquema:

Tipos de Leitura

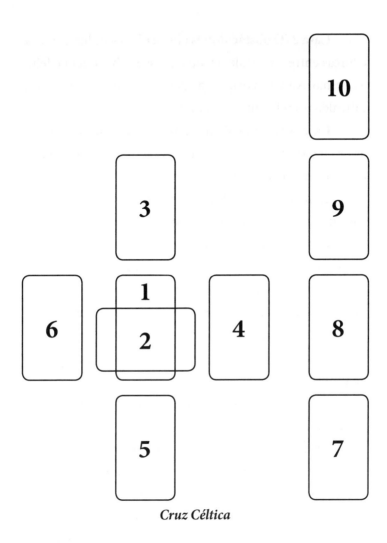

Cruz Céltica

Casa 1 (A questão/A situação presente) – Representa a questão, ou as energias do consulente no momento, ou, ainda, a energia da pessoa a respeito da qual o consulente formula a questão.

Tarô de Marselha – Manual Prático

Casa 2 (O obstáculo/Os obstáculos) – Indica pessoas e forças entre o consulente, ou a pessoa sobre quem é feita a questão. Aponta a origem de determinado problema e/ou dificuldades referentes ao mesmo.

Casa 3 (O consulente diante da questão) – Indica as reações do consulente, ou da pessoa sobre quem é feita a questão, diante da questão e/ou do problema.

Casa 4 (O passado) – Apresenta dados do passado (positivos ou negativos) relacionados à situação atual.

Casa 5 (Fatores ocultos) – Aponta segredos ou informações desconhecidas e/ou desconsideradas pelo consulente, ou pela pessoa sobre quem é feita a questão, as quais devem ser assimiladas para a compreensão holística da questão e/ou do problema. Evoca também o inconsciente, os desejos mais íntimos e, por vezes, tão secretos que escapam ao próprio consulente.

Casa 6 (O futuro) – Indica o futuro próximo relacionado à situação presente.

Casa 7 (O consulente) – Indica o caráter, os traços psicológicos, o comportamento do consulente, ou da pessoa sobre quem é feita a questão. Importante para o autoconhecimento, esse perfil não se refere apenas à questão ou ao problema. Contudo, pode apontar traços marcantes, característicos em relação ao que se discute especificamente na leitura das cartas.

Casa 8 (Fatores externos/O entorno) – Espécie de complemento da casa 1, trata das pessoas, das condições, do ambiente que cerca o consulente.

Casa 9 (Caminho do destino) – Sugestão de caminho(s) para o sucesso, para a resolução da questão/do problema.

Casa 10 (Desfecho/Resposta) – Encaminhamento da questão/do problema, consequências e/ou resultados. Resposta (Vide tabela no Capítulo 4.).

C. Roda Astrológica

Método pautado pelas 12 casas astrológicas e que aborda a totalidade do consulente, diversas áreas de sua vida.

Cada Arcano Maior apresenta aspectos de luz e sombra. Caberá ao tarólogo, durante a leitura, abordá-los com o consulente, a fim de identificarem juntos quais aspectos têm preponderado.

Quanto ao uso das chaves de interpretação, além dos cuidados apontados, destacam-se (Obviamente há variações do método de leitura, inclusive por influência direta de elementos da Astrologia.):

a) A casa 1 pode apontar a personalidade "dominante" do consulente ou como ele se encontra no momento presente.

b) A referência à gravidez nem sempre corresponde à gestação de um filho. Pode tratar-se de um projeto, por exemplo. O mesmo vale para a morte.

Tarô de Marselha – Manual Prático

c) A casa 5 trata dos filhos. Se o consulente tiver vários filhos, por exemplo, as referências ao primeiro estarão na casa 5, as do segundo na casa 6 etc.

d) Nas relações interpessoais observem-se tanto a figura como a função. Por exemplo, determinada carta na casa 3 pode apontar que o consulente tem problemas com irmãos, porém ele pode ser filho único. Deve-se, então, pensar num primo, amigo etc. que para ele tenha a *função* de irmão. O mesmo vale para os pais e para cartas masculinas e femininas. O tarólogo será orientado pela intuição e pelo bom senso.

e) A sensibilidade do tarólogo deve estar ligada muito mais à ética do coração (Faz bem a mim e ao próximo? Faz mal a mim e ao próximo?) do que às convenções sociais ou à moral. Exemplo: Para um casal que tenha optado pelo chamado relacionamento aberto, os conceitos de fidelidade e traição são muito mais elásticos do que para aquele que viva uma relação tradicional.

Tipos de Leitura

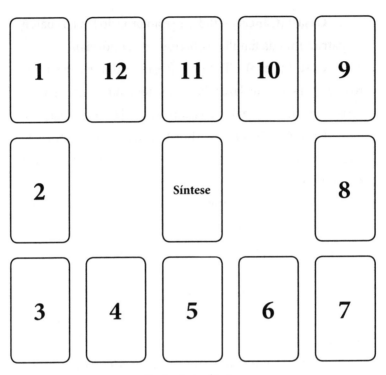

Roda Astrológica

Casa 1 (Áries) – Refere-se ao caráter do consulente, ao seu temperamento, a sua personalidade e a sua aparência física. Trata, ainda, de seus gostos, de suas inclinações e de sua expectativa de vida.

Casa 2 (Touro) – Trata de fontes de renda, do dinheiro, dos bens e das finanças, bem como de bens adquiridos, do comércio e da morte do cônjuge/parceiro(a) estável (se houver).

Casa 3 (Gêmeos) – Refere-se a parentes (irmãos, primos etc.), a viagens curtas, a livros e cartas, a mudanças de residência, à vizinhança e aos meios de comunicação.

Tarô de Marselha – Manual Prático

Casa 4 (Câncer) – Refere-se ao próprio lar, aos pais e ao patrimônio da família (sobretudo aos imóveis).

Casa 5 (Leão) – Trata da afeição instintiva, de namoros, da vida social, do lazer, dos pequenos amores, de negócios arriscados, de relações internacionais, escolas e especulações.

Casa 6 (Virgem) – Aborda o trabalho, as obrigações, a saúde, o bem-estar físico, assim como os animais domésticos.

Casa 7 (Libra) – Refere-se aos relacionamentos íntimos, ao cônjuge/parceiro(a) estável (se houver) e às associações comerciais, assim como aos ditos inimigos declarados e aos processos.

Casa 8 (Escorpião) – Aborda a sexualidade, a morte, as mudanças, os grandes negócios, as heranças, os testamentos e os legados.

Casa 9 (Sagitário) – Abarca viagens longas, o estrangeiro, línguas, justiça, processos, estudo superior, evolução espiritual, filosofia, espiritualidade e/ou religião (pelo que se conhece como "casa divina").

Casa 10 (Capricórnio) – Refere-se ao destino, às honrarias, às aspirações e ao prestígio social, bem como à mãe ou à sogra do consulente.

Casa 11 (Aquário) – Trata da vida social, dos amigos, da política, da diplomacia, dos benfeitores, de projetos, de esperança e de paz.

Casa 12 (Peixes) – Aborda isolamentos, obstáculos, doenças graves, prisão, provações, amores secretos. Refere-se, ainda, ao inconsciente, aos ditos inimigos ocultos, às

Tipos de Leitura

aflições, a processos criminais, à miséria. Conhecida como "inferno do zodíaco". **Síntese** – A carta-síntese apresenta características, recados, lições para o consulente. Trata-se do fechamento da conclusão da leitura. Além disso, a carta-síntese, somada a cada uma das cartas dispostas em cada casa indica, ainda, qual a chamada carta por trás, isto é, a que complementa, aprofunda a leitura, pois orienta a carta que ocupa determinada casa.

0 - 0 Louco

Casa 1 (Áries) – Inseguro, imprudente, age sem reflexão, excêntrico, inconstante, despreocupado ao extremo, infantil, imaturo, medroso, nem sempre sutil. Em virtude de forças interiores, pode tomar decisões de maneira imprudente. Privilegia a liberdade, vive sempre o presente. Idealista, vive de sonhos e não se aprofunda em nada. Cidadão do mundo, é despojado.

Casa 2 (Touro) – Área financeira instável, o que pode abalar o emocional. Atenção aos gastos, principalmente aos descontrolados. O momento pede cautela, espera.

Casa 3 (Gêmeos) – Inquietação, amizades não sinceras. Despreocupação.

Casa 4 (Câncer) – Fuga às responsabilidades, sobretudo às familiares. Problemas com a família, os quais desgastam. Cobrança de maturidade. Partida. Viagem.

Casa 5 (Leão) – Desejo de liberdade, riscos de ligação pautada pela ilusão. Sem afeto, tanto para oferecer quanto para receber.

Tarô de Marselha – Manual Prático

Casa 6 (Virgem) – Insatisfação, fuga à realidade. Desejo de abandonar o emprego. Momento de restrição, altos e baixos. Sem apoio com que contar. Atenção à depressão, ao estresse, ao abuso de remédios e à automedicação.

Casa 7 (Libra) – Sentimentos que causam mal-estar, as relações apresentam-se decepcionantes. Dificuldade em manter-se apaixonado. O parceiro sente necessidade de livrar-se de pressões afetivas, de cobranças. Desejo de fuga.

Casa 8 (Escorpião) – Momento de perturbação, de hesitação e nervosismo.

Casa 9 (Sagitário) – Mediunidade (até mesmo a dita "de incorporação"), abertura espiritual. Por vezes não consegue esclarecer os próprios assuntos (desequilíbrio). Ascensão espiritual. Viagens para o exterior favorecidas desde que ampliem conhecimentos.

Casa 10 (Capricórnio) – Momento de incerteza, no qual os esforços não são compensados. Atenção ao abandono, às traições.

Casa 11 (Aquário) – Atenção aos projetos: momento desfavorável para realização. Sem amigos. Não se pode confiar muito.

Casa 12 (Peixes) – Medo, insegurança, aborrecimentos, saúde muito instável, provações diversas. Tarefas cármicas a serem vivenciadas. Não adianta fugir ou viver de ilusão.

Síntese – *O Louco* apresenta grande necessidade de liberdade e de independência.

88

I - O Mago

Casa 1 (Áries) – Esperto, de inteligência rápida (representada pela lemniscata ou pelo chapéu), com iniciativa, hábil em transformar ideia em ações. Carismático e diplomático, representa a força de atração. Não se apega a nada. Alguém de muita lábia. Fanfarrão. Necessita amadurecer, a fim de lapidar o conhecimento. Curioso. Possui muita energia e a canaliza para o sucesso. Alguém que está mais para garotão do que para homem. Intuitivo. Deve levar tudo mais a sério, a fim de atingir seus objetivos. Regido pelo Sol.

Casa 2 (Touro) – Autoconfiança que acelera o bem-estar, satisfação, sem problemas financeiros. Progressos nos lucros. Grande capacidade de administrar os próprios bens.

Casa 3 (Gêmeos) – Pequena viagem. Recomeço afetivo. Manipulação de outros para benefício próprio.

Casa 4 (Câncer) – Equilíbrio no que tange à ordem familiar. Possibilidade de mudança de residência. Pessoa que saiu cedo de casa.

Casa 5 (Leão) – Novidades afetivas, novos encontros. Pessoa que compara antes de agir e mantém o controle da situação.

Casa 6 (Virgem) – Aspecto profissional positivo, promoções, início de algo novo. Favorecimento de atividades independentes. Convites para novos trabalhos. Atenção às enxaquecas (dores de cabeça sem gravidade). Há problemas espirituais? Devem-se manter as vibrações positivas (por exemplo, rezar).

Tarô de Marselha – Manual Prático

Casa 7 (Libra) – Novos encontros no plano afetivo. Harmonia de sentimentos. Pessoa um tanto hesitante, indecisa. Pessoa com muita lábia, que não é confiável. Proposta de união.

Casa 8 (Escorpião) – Sexualidade ativada. Modificações financeiras.

Casa 9 (Sagitário) – Perfeito equilíbrio espiritual. Grande potencial de espiritualidade. Encontro com alguém em viagem.

Casa 10 (Capricórnio) – Sucesso absoluto, boa iniciativa. Trabalho recompensado.

Casa 11 (Aquário) – Apoio, amigos. Tudo positivo.

Casa 12 (Peixes) – Atenção ao uso incorreto do poder espiritual. Alguém pode estar manipulando a área espiritual da pessoa.

Síntese – *O Mago* representa jogo de cintura, alta realização e concretização de projetos. O sucesso depende da força de vontade.

II - A Papisa

Casa 1 (Áries) – Reservada, intuitiva, sábia, mãe, a que sabe esperar, sensível, paciente e amiga. Por vezes, mãezona. Cautelosa, desconfiada. Vive o momento presente. Alguém que esconde as emoções e resolve os problemas alheios. Modelo de mulher equilibrada. Se o consulente for homem, pode ser dominado pela mãe ou pela esposa (figura ou função). Chave dos grandes negócios, representa novas oportunidades.

Tipos de Leitura

Casa 2 (Touro) – Finanças equilibradas, contudo com um pouco de demora (de 7 a 9 meses). Crescimento financeiro. A pessoa valoriza o que os pais lhe ensinaram. **Casa 3 (Gêmeos)** – Pessoa desconfiada, mas que resolve problemas. Equilíbrio. Reserva feminina em destaque. **Casa 4 (Câncer)** – Bens materiais em situação favorável. A pessoa é toda bondade, amor, por vezes "mãezona". Possibilidade de mudança de residência, de compra ou de venda de imóvel. **Casa 5 (Leão)** – Apego aos filhos, postura de frieza amistosa. Afeto muitas vezes em algo invisível. Gravidez. A pessoa pode, ainda, ter uma relação paralela. Busca a realização por meio dos filhos.

Casa 6 (Virgem) – Momento de espera, de demora, de mudanças positivas, de reflexão e de sabedoria. Gestação de boas ideias (negócios). Atenção ao útero, aos ovários e ao intestino.

Casa 7 (Libra) – Ligação secreta, vida afetiva com caráter enrustido. A falta de diálogo e de abertura atrasa a evolução amorosa. Busca de carinho. Possibilidade de nova união. Aumento de clientela.

Casa 8 (Escorpião) – Sexo sem entusiasmo, morno. Comportamento puritano, de "mãe espiritual". Modificações no salário ou na vida sentimental. Atenção à evolução de uma doença secreta.

Casa 9 (Sagitário) – Meditação, intuição, riqueza espiritual. Possibilidade de nova união. Viagem e amizade. Notícias de aproximação de uma amizade feminina de um lugar distante.

Tarô de Marselha - Manual Prático

Casa 10 (Capricórnio) – Situação estável. Força sobre acontecimentos. Possibilidade de nova afeição. Possível gravidez.

Casa 11 (Aquário) – Relações de amizades pacíficas. Ajuda para projetos.

Casa 12 (Peixes) – Projeção da figura materna. Amor oculto. Gravidez não prevista ou notícias de gravidez.

Síntese – *A Papisa* pede paciência e espírito de espera para a resolução de problemas. Novas ideias serão postas em prática com inteligência. Quanto aos projetos, *A Papisa* sugere discrição, silêncio. Associada à carta *A Lua*, solicita espera paciente.

III - A Imperatriz

Casa 1 (Áries) – Alguém com lucidez, discernimento e que permite ação e criação (regência de Vênus). Inteligente, vaidosa, elegante, representa a fertilidade e a maternidade. Possui sabedoria, encanto pessoal. Representa, ainda, liberação de energia. Gosta de vida social e não se importa em ser a outra (o outro). Aprecia festas, badalação e jovens. Não se sente atraída pelos serviços e questões domésticas (dono ou dona de casa). Respira poder e guia-se pelo mês de março (3). Indica resolução de algo entre 3 e 9 (dias, semanas ou meses).

Casa 2 (Touro) – Aspecto financeiro lucrativo e promissor, com proteção. Contudo, atenção aos gastos.

Casa 3 (Gêmeos) – Desejo de agradar e de presentear pessoas queridas. Recebimento de cartas. Viagem. A pessoa anda um tanto distante e impaciente com familiares.

92

Tipos de Leitura

Casa 4 (Câncer) – Pessoa iluminada, sem hesitação. Possibilidade de aquisição de imóvel. Boa relação com os pais. Preocupações passageiras. Aceitação (imposição?) de suas ideias. **Casa 5 (Leão)** – Felicidade, alegria, encontros felizes, evolução sentimental. Sinceridade no amor. Irradiação. Aproximações. Festas, convites. Amores correspondidos. Momento de gravidez (física, de novo relacionamento etc.).

Casa 6 (Virgem) – Sucesso, progresso profissional, êxito em empreendimentos. Momento altamente positivo. Negócios concluídos com rapidez. Atenção à estafa, à fadiga nervosa, aos nervos de modo geral.

Casa 7 (Libra) – A pessoa pode ser amante. Propostas, associações. A pessoa é, ainda, racional e costuma dar a última palavra.

Casa 8 (Escorpião) – Sexo em alta (pessoa ativa). Mudança, novidades, escolha sentimental. Possibilidade de gravidez.

Casa 9 (Sagitário) – A intuição eleva a consciência. Abertura cósmica. Novo interesse intelectual. Necessidade de buscar a fé e a espiritualidade.

Casa 10 (Capricórnio) – Êxito, sucesso, melhora de situação. Encontro com pessoa jovem.

Casa 11 (Aquário) – Equilíbrio, esperança, ótimos amigos.

Casa 12 (Peixes) – Com elegância, dissipa dúvidas. Atenção ao esgotamento nervoso.

Síntese – *A Imperatriz* apresenta soluções positivas para problemas de todas as espécies. Representa, ainda, o êxito pleno, o centramento, o equilíbrio de si mesmo.

IIII - O Imperador

Casa 1 (Áries) – Representa autoridade, estabilidade, competência, energia. Patriarca enérgico, diplomático, materialista, dominador, possui inteligência suficiente para concretizar suas ideias. Desenvolvido senso de autoconfiança. Direciona energias para a vitória, o sucesso. Representa, ainda, equilíbrio e justiça diante dos problemas. Imponente (vide postura física), não aprecia pessoas sem iniciativa. Por outro lado, sente atração pela verdade. Se o consulente for mulher, representa alguém separada, endurecida, que faz as vezes do homem.

Casa 2 (Touro) – Transações positivas, estabilidade nos negócios, situação financeira sólida, segura. Movimentação financeira. Se for mulher, deve (ou costuma) pedir orientações para o marido.

Casa 3 (Gêmeos) – Equilíbrio, pessoa que gosta de ajudar. Irmão(ã) dominador(a).

Casa 4 (Câncer) – Enérgico, conselheiro, pai equilibrado (função ou figura), pessoa forte que se faz respeitar e a suas ideias. Relaciona-se bem com a família. Possui opinião própria.

Casa 5 (Leão) – Bom pai (função ou figura), pessoa afetuosa e equilibrada. Vida sentimental de afeto. Encontro. Conhecimento, contato com o amor.

Casa 6 (Virgem) – Disputa no campo profissional. Fechamento de contrato, situações de acordo, fusão de sociedade. Pendor político e/ou diplomático. Atenção às articulações e ao estômago.

Tipos de Leitura

Casa 7 (Libra) – Homem com poder, autoritário, machista, bom protetor, que gosta de ajudar, dominante, estável. Bom período no casamento.

Casa 8 (Escorpião) – Amante mais velho, responsável pelo sustento do(a) parceiro(a). Possibilidade de empréstimo, grandes despesas.

Casa 9 (Sagitário) – Possibilidade de novo casamento. Materialista. Dificuldade para lidar com o espiritual.

Casa 10 (Capricórnio) – Lucro, sucesso, tudo positivo. Apoio dado por homem poderoso.

Casa 11 (Aquário) – Proteção de amigos a quem recorre.

Casa 12 (Peixes) – Atenção aos inimigos. Pessoa muito materialista que está em choque consigo mesma. Rivalidade com inimigo poderoso.

Síntese – *O Imperador* anuncia a concretização, a realização.

Conforme anotado na casa 1, na casa 7 as características podem também, evidentemente, ser aplicadas a uma mulher, sobretudo às endurecidas e/ou que fazem as vezes dos homens. Tal leitura não representa necessariamente tendências e/ou orientações homossexuais.

V - O Papa

Casa 1 (Áries) – Bom, generoso, com grande proteção psíquica e espiritual. Bom conselheiro, inventivo, sábio.

Tarô de Marselha - Manual Prático

Possui vocação religiosa e/ou o chamado sacerdócio social (tanto para o bem quanto para o mal). Aprecia temas esotéricos, espirituais. Rigoroso com horários. Líder, prudente, metódico. No amor, tende à fantasia. Trata-se de um eterno apaixonado em busca do ideal. **Casa 2 (Touro)** – Equilíbrio nas finanças e nos lucros. Atenção à boa fé.

Casa 3 (Gêmeos) – Por meio da intuição, a pessoa encontra soluções em situações aparentemente insolúveis. Proteção em viagens curtas.

Casa 4 (Câncer) – Bom pai (função ou figura), conservador, conselheiro. Ajuda moral. Possibilidade de nova união, de novo casamento.

Casa 5 (Leão) – Sincero, cumpre o que promete. Paz, calma. Possibilidade de oficialização de uma relação.

Casa 6 (Virgem) – Recuperação total de saúde. Profissional liberal e altamente favorecido. Contratos firmados. Chefe muito exigente, chato. Atenção à coluna vertebral e à cabeça, sobretudo aos casos de enxaqueca.

Casa 7 (Libra) – Pessoa equilibrada, generosa, espiritualista. Segredos desvendados. Vocação religiosa. Esclarecimento de divergências. Triunfo importante. Possibilidade de novo casamento.

Casa 8 (Escorpião) – Sem mudanças, estável em tudo. Ajuda na vida material. Rigidez.

Casa 9 (Sagitário) – Alta espiritualidade, clarividência. Proteção oculta. Presença ativa de mentor espiritual. Viagens e estudos favoráveis.

Casa 10 (Capricórnio) – Respeitabilidade, proteção, libertação de doenças.

Casa 11 (Aquário) – Amigos sinceros, ambiente harmonioso.

Casa 12 (Peixes) – Alívio de uma provação, sem problemas de saúde e questões cármicas difíceis, negativas etc.

Síntese – *O Papa* inspira grande proteção, conciliação, harmonia, mas também lerdeza.

> Por "vocação religiosa" (casas 1 e 7) não se consideram apenas as chamadas religiões tradicionais, com ou sem a obrigação do celibato. Pode-se pensar nas mais diversas formas de serviço espiritualista, esotérico, holístico etc., algumas das quais, inclusive, se utilizam dos termos "sacerdote" e "sacerdotisa".

VI - Os Enamorados

Casa 1 (Áries) – Alguém hesitante, indeciso, insatisfeito, fraco. Evoca a necessidade de exercer o livre-arbítrio, de escolher. Passividade. Dualidade de caminhos. Posição de espera.

Casa 2 (Touro) – Dificuldade em se manter o equilíbrio material. Oscilação.

Casa 3 (Gêmeos) – Problemas com irmãos. Insatisfação.

Casa 4 (Câncer) – Problemas com os pais. Novos interesses, nova união.

Casa 5 (Leão) – Indecisão nos afetos, incerteza no amor. Dupla proposta. Decisão, escolha.

Tarô de Marselha – Manual Prático

Casa 6 (Virgem) – Indecisão, incerteza no trabalho, desequilíbrio emocional. Atenção ao nervosismo, à fadiga, ao desgaste físico, sobretudo no que tange aos pés, ao estômago e à garganta.

Casa 7 (Libra) – Crise sentimental, que pode ser complicada por uma dupla proposta. Amores contrariados. Indecisão. Infidelidade. Período de conflito. Necessidade de escolha.

Casa 8 (Escorpião) – Sexualidade não definida e/ou bissexualidade. Caminho não escolhido. Dupla influência. Pouco favorável ao amor. Perda de uma afeição.

Casa 9 (Sagitário) – Caminho espiritual não escolhido. Necessidade de afastar-se do plano material para caminhar rumo à fé e ao ideal interior. Inquietação nos estudos pelo fato de não se definir.

Casa 10 (Capricórnio) – Sem definição. Dificuldade de manter o equilíbrio. Algo importante na vida sentimental.

Casa 11 (Aquário) – Inconstância com os amigos. Uma amizade poderá transformar-se em amor. Nova amizade.

Casa 12 (Peixes) – Medos, tendência a perder uma afeição.

Síntese – *Os Enamorados* evocam a dúvida, um período de indefinição ou de incerteza. A pessoa poderá tender a ser assim sempre.

A tendência à incerteza, à indefinição não significa (aliás, como qualquer tendência) fatalismo, uma vez que o livre-arbítrio e a busca pelo autoconhecimento certamente auxiliarão o indivíduo a tomar decisões ao longo da vida.

VII - O Carro

Casa 1 (Áries) – Alguém talentoso, confiante, corajoso, líder, trabalhador, que luta por aquilo em que acredita. Forte, perseverante, de caráter nobre, impoluto. No amor, não aprecia pessoas preguiçosas. Fiel quando encontra o par dito "ideal".

Casa 2 (Touro) – Ótima situação financeira. Ganhos sem preocupação. Sucesso confirmado. Triunfo financeiro. Vendas de produtos importados favoráveis.

Casa 3 (Gêmeos) – Tudo positivo. Popularidade, triunfo, viagens.

Casa 4 (Câncer) – Ótimo relacionamento. Notícias imprevistas. Mudança de residência. Momento excelente para quem deseja instalar-se em país estrangeiro.

Casa 5 (Leão) – Possibilidade de encontro durante viagem ou mudança de lugar. Início de novo relacionamento.

Casa 6 (Virgem) – Sucesso e progresso rápidos no trabalho. Pessoa negativa, que pode atropelar os outros (literalmente "passar por cima"). Bom momento físico, saúde excelente, contudo atenção ao desgaste físico, sobretudo das pernas.

Casa 7 (Libra) – Início de um relacionamento. Relações afetivas felizes. Uniões. Felicidade total.

Casa 8 (Escorpião) – Sexualidade ótima. Viagens por terra e mudanças são favorecidas. Bons lucros. Viagens de negócios.

Casa 9 (Sagitário) – Liberdade de ação. Harmonia nos caminhos. Viagens ao exterior favorecidas. O fogo interior alquimiza as energias negativas.

Tarô de Marselha - Manual Prático

Casa 10 (Capricórnio) – Sucesso, vitória. Atenção às palavras.

Casa 11 (Aquário) – Grande apoio de amigos. Atenção às calúnias.

Casa 12 (Peixes) – Provações aliviadas. Sem medos. Trabalhar as paixões, a fim de avançar na espiritualidade.

Síntese – *O Carro* evoca vitória e sucesso.

VIII - A Justiça

Casa 1 (Áries) – Alguém severo (inclusive consigo mesmo), imparcial, rigoroso, lógico, honesto, responsável, econômico, com senso prático e julgamento apurado. Não aprecia improviso. Dotado de boas intenções. Excelente cônjuge. Situação de equilíbrio. Possibilidade de separação de casal.

Casa 2 (Touro) – Grande prudência permite estabilizar as finanças. Atenção aos prós e aos contras. Desembolso ou perda de dinheiro.

Casa 3 (Gêmeos) – Tudo em ordem. Talvez haja pequenos problemas com parentes. Viagens pouco favorecidas. A pessoa é detalhista.

Casa 4 (Câncer) – Pessoa implacável, porém justa. Possibilidade de herança.

Casa 5 (Leão) – Aridez. Pessoa que considera sua palavra lei. Possibilidade de rompimento de vínculos afetivos, de divórcio ou de separação. Dificilmente demonstra afeto.

Casa 6 (Virgem) – Evolução profissional (Áreas bastante favorecidas: Direito, Contabilidade e Política.).

Equilíbrio nos momentos de desordem. Pessoa que pesa os prós e os contras. Atenção às dificuldades respiratórias, à obesidade, ao diabetes, à pressão e ao coração.

Casa 7 (Libra) – Tendência à fantasia. Retidão e honestidade nas relações sentimentais favorecem o equilíbrio no plano afetivo. Por vezes, falta flexibilidade nos hábitos ou acirramento da frieza. Legalização de uniões. Separação de casal.

Casa 8 (Escorpião) – Recebimento de herança ou término de associação. Necessidade de cautela.

Casa 9 (Sagitário) – Sucesso em procedimentos legais (partilha, herança etc.). Guiar-se pela razão a fim de encontrar harmonia cósmica, decisão e força. Fim de um processo ou de divergências.

Casa 10 (Capricórnio) – Tudo relacionado à Justiça está representado nesta casa: casamento, divórcio, contratos, processos, heranças etc.

Casa 11 (Aquário) – Bom julgamento com amigos. Observar com atenção as amizades.

Casa 12 (Peixes) – Domínio sobre o passado (carmas etc.), risco de processos, preocupações com a Justiça. A pessoa deve pôr fim a negócios confusos. Resoluções pendentes.

Síntese – *A Justiça* traz estabilidade. Deve-se encontrar uma boa saída para determinada situação.

VIIII - O Ermitão

Casa 1 (Áries) – Conhecido como "o sábio sem templo", alguém que tem a arte de buscar o conhecimento sozinho.

Tarô de Marselha - Manual Prático

Cauteloso, não aprecia a desonestidade. Corretíssimo. Bastante só, paciente, abnegado, introspectivo. Reflexivo, pensa e repensa, estuda. Carta que anuncia sabedoria. **Casa 2 (Touro)** – Restrições nos lucros. Necessidade de austeridade, pois os ganhos são difíceis. Contrariedades, lentidão. Dinheiro a conta-gotas, finanças vagarosas. **Casa 3 (Gêmeos)** – Estrutura, trabalho em profundidade. Pode retardar viagens.

Casa 4 (Câncer) – Nada do que é superficial, artificial ou fútil chama a atenção da pessoa, embora por vezes o procure.

Casa 5 (Leão) – Sentimentos interiorizados, solidão do coração, isolamento, repressão dos impulsos afetivos. Tendência à esterilidade. Afeto por alguém de mais idade. Proteção geral de um mentor espiritual.

Casa 6 (Virgem) – Ritmo de trabalho reduzido favorece estudos e pesquisas. Luz no fim do túnel para resolução de problemas. Esclarecimentos. Atenção ao reumatismo.

Casa 7 (Libra) – Mesmo com afeições sérias e profundas, estas não se manifestam. Timidez. Celibato voluntário ou imposto por regras canônicas de alguma religião e/ou tradição espiritual. Moralista. Pessoa só.

Casa 8 (Escorpião) – Sexualidade lenta. Possibilidade de luto. A pessoa vive do passado. Estudos ocultos favorecidos. Possibilidade de ganhos imobiliários.

Casa 9 (Sagitário) – Orientador e/ou líder espiritual, sábio, pessoa com grande força interior. Grande espiritualidade. Viagens ao exterior retardadas.

Tipos de Leitura

Casa 10 (Capricórnio) – Sem grandes ambições. Profissões mais favoráveis: ensino e pesquisa. Não conta com a ajuda alheia. Bastante ouvido pelos outros.

Casa 11 (Aquário) – Caminho solitário de autoconhecimento. Solidão com amigos. Não pensa em poder.

Casa 12 (Peixes) – Alta espiritualidade, grande força interior, total desapego à matéria. Paciência.

Síntese – *O Ermitão* evoca iluminação interior e discrição, as quais confirmam grande força espiritual. Desapego material. Observem-se os ciclos de nove em nove anos.

X - A Roda da Fortuna

Casa 1 (Áries) – Alguém inquieto, instável. Questões instáveis caminham para mudança feliz. Transformação. Mudança por força do chamado "destino", pela lei de ação e reação (carma). Representa período de lutas com vistas à autoanálise, a fim de haver modificações. Sem monotonia.

Casa 2 (Touro) – A sorte permite melhora nos lucros. Sucesso em projetos envolvendo dinheiro.

Casa 3 (Gêmeos) – Irmãos ou outros parentes com possíveis problemas financeiros. Modificações em suas vidas.

Casa 4 (Câncer) – Em casa, a situação é mais ou menos tranquila. Equilíbrio. Renovação e modificações. Mudança de residência.

Casa 5 (Leão) – Modificação. Renovação afetiva. Reforço de afetos. Caso haja um amor, pode entrar outro na vida da pessoa.

Casa 6 (Virgem) – Trabalho favorecido, principalmente no comércio em geral. Avanço no campo profissional. Projetos concretizados. Novas energias e inquietações. Mudanças em geral. Saúde favorecida. Atenção às alterações de estado de ânimo.

Casa 7 (Libra) – Sentimentos fortes. Indícios de encontros por mudanças ou viagens. Novas relações.

Casa 8 (Escorpião) – Sexualidade ativada. Mudanças favorecidas. Transformações. Cautela e atenção com dinheiro.

Casa 9 (Sagitário) – Excelente no âmbito espiritual. Possibilidades no plano esotérico. Estudos favorecidos.

Casa 10 (Capricórnio) – Sucesso com responsabilidade. Renovação. Atenção à oscilação da Roda da Fortuna (altos e baixos).

Casa 11 (Aquário) – Harmonia nas amizades, com grande apoio. Realização de projetos.

Casa 12 (Peixes) – Fim de determinado carma, de um relacionamento ou de dificuldades. A Roda da Fortuna simboliza aqui os ciclos da vida ou as reencarnações.

Síntese – *A Roda da Fortuna* dá movimento à vida e estimula as realizações ambiciosas.

XI - A Força

Casa 1 (Áries) – Alguém com muita energia (física, espiritual, intelectual), determinado, com disposição para a luta, que procura se harmonizar e encontrar o equilíbrio entre o

Tipos de Leitura

espírito e a matéria. Domínio do eu. Compreensão do mundo. Alguém de bem consigo mesmo. Aspirações materiais. Poder de dirigir assuntos materiais. Clareza exata em julgamentos. Inteligente. O magnetismo pessoal vence desafios.

Casa 2 (Touro) – Situação financeira sólida, equilibrada. Lucros. Disposição para enfrentar riscos.

Casa 3 (Gêmeos) – Tudo positivo. Não se preocupa com a família e os parentes.

Casa 4 (Câncer) – Paz, equilíbrio, satisfação. Rédeas curtas. Atenção aos inimigos.

Casa 5 (Leão) – Tudo ótimo no amor. Sentimentos poderosos e profundos. Novas ligações sentimentais. Poder de conquista em alta. Pessoa sedutora. Ao se casar, terá força nas dificuldades e aflições. Retorno de ex parceiro(a).

Casa 6 (Virgem) – Sucesso, tudo positivo no trabalho. Psicoterapia. Trabalho das paixões (equilíbrio). Poder de conquista. Clareza mental. Pessoa que trabalha muito. Boa saúde. Atenção à obesidade, aos problemas sexuais, ou ainda, aos problemas sanguíneos e à anemia.

Casa 7 (Libra) – Pessoa possessiva, ciumenta. Ótimo(a) parceiro(a). Bom relacionamento. Pessoa sedutora. Período de boas realizações. Paixões arrebatadoras.

Casa 8 (Escorpião) – Sexualidade ativa e de ótima qualidade. Pessoa incandescente. Lucros. Pessoa que vence pela persistência e pela calma. Sorte financeira.

Casa 9 (Sagitário) – Grande força interior, fé, amor. Pessoa altamente espiritualizada. Encontro com forças animais (ganância, ódio, vingança etc.).

Tarô de Marselha – Manual Prático

Casa 10 (Capricórnio) – Realização total. Deve-se trabalhar a obstinação e o egocentrismo. Sucesso com reconhecimento público. Futuro promissor.

Casa 11 (Aquário) – Ótimos amigos. Pessoa confiante e segura, envolvente, que "doma" os amigos.

Casa 12 (Peixes) – Pessoa desanimada, aborrecida. Deve-se observar a vida com outros olhos. Atenção para não se deixar vitimar por força superior.

Síntese – *A Força* representa a dominação das dificuldades, a força total. Na carta, a mulher não elimina o animal. Ao contrário, doma-o.

XII - O Enforcado

Casa 1 (Áries) – Alguém acomodado, submisso, impotente, passivo, com moral baixo, que renunciou a si mesmo. Com calma forçada, carrega o mundo nas costas. Representa, ainda, renúncia, idealismo exagerado, sacrifício voluntário, crise interna que demanda solução imediata, influências cármicas. De aspecto trágico, com tendência à depressão.

Casa 2 (Touro) – Atenção a perdas e roubos. Perigo de perdas e fracassos financeiros. O aspecto material estará embaraçado. Compromissos financeiros não serão honrados.

Casa 3 (Gêmeos) – Clima péssimo. Pessoa sem ação, que não sabe o que fazer. Aborrecimentos e contrariedades com a família.

Casa 4 (Câncer) – A pessoa não se sente bem em casa. Impotência. Doação ao extremo, anulação. Abuso de confiança. Deve-se trabalhar o desapego, a fim de ver a vida com outros olhos.

Casa 5 (Leão) – Muito sofrimento, sem diversão. Pessoa que não cuida de si mesma (Sempre em último plano.). Fim de um amor. Traição. Rompimentos afetivos. Traição doméstica. Aborrecimentos com os filhos.

Casa 6 (Virgem) – Desânimo. Possibilidade de problemas no trabalho. Não se deve associar a ninguém. Possibilidade de perda de emprego. Parada forçada. Dissabores. Atenção à depressão nervosa, à perda de vitalidade, aos problemas cármicos.

Casa 7 (Libra) – Sacrifício inútil, resignação. A pessoa não cuida de si mesma. Rompimentos afetivos. Falsas esperanças no amor. Indecisão no terreno afetivo.

Casa 8 (Escorpião) – Sexo sem satisfação. Transformação profunda. Lucros parados. Mudança de vida. Fadiga e moral baixo. Desonestidade.

Casa 9 (Sagitário) – Progresso espiritual de cunho místico ou de mediunidade dita "de incorporação" ou "de mesa branca". Resignação, renúncia, paz interior. Risco de perda de processos. Evolução espiritual por meio do sacrifício.

Casa 10 (Capricórnio) – Desilusão, dificuldades na família. Bom médico (ou curador). Bom psicólogo (ou conselheiro). Abandono de responsabilidades.

Casa 11 (Aquário) – Sem amigos. Falsos amigos. Ajuda mais do que recebe. Solidão. Decepção provocada por pessoa amiga. Atenção e cuidado.

Tarô de Marselha – Manual Prático

Casa 12 (Peixes) – Missão espiritual, necessidade de evoluir espiritualmente. Busca pelo significado mais profundo. Abertura espiritual. Atenção às prisões. Destino coloca a pessoa em xeque-mate. Algo procurado conscientemente.

Síntese – *O Enforcado* anuncia um longo período de dificuldades, de encontro com a sabedoria, de ampliação de horizontes. Para a pessoa, o passado é o melhor momento para o amor: não vai à luta para encontrar o(a) parceiro(a) com o perfil desejado.

> "Doação", e mesmo "sacrifício" não significam "anulação". Há momentos na vida em que se deve sacrificar algo por amor ou por um bem maior. Entretanto, esse gesto deve ser sincero, e não apenas para agradar a alguém ou servir de justificativa à sociedade.

XIII - A Morte

Casa 1 (Áries) – Tristeza, atrasos, renovações, desligamentos. Transformações como regeneração espiritual após o reconhecimento de futilidades. Abertura de caminhos para novos esforços. Atualização.

Casa 2 (Touro) – Finanças em crise. Ganhos difíceis. Pressões e obrigações inquietam. Grandes gastos. Contratos rompidos ou não renovados.

Casa 3 (Gêmeos) – Brigas. Rupturas com irmãos ou outros parentes. Separação. Notícia ruim. Risco em pequenas viagens. Afastamento.

108

Tipos de Leitura

Casa 4 (Câncer) – Doenças na família. Transformação, transmutação, ruptura em família. Dar um basta à situação.

Casa 5 (Leão) – Separação. Afastamento. Divórcio. Sofrimento. Fim de sentimentos de determinada esperança. Ruptura amorosa.

Casa 6 (Virgem) – Fim de período profissional. Mudanças radicais. Renovação completa. Aposentadoria ou perda de emprego. Contrato rompido. Atenção à fadiga e aos ferimentos.

Casa 7 (Libra) – Lágrimas, separação, sofrimento. Fim de uma relação. Rompimento de sociedade. Parceiro(a) passa por situação ruim.

Casa 8 (Escorpião) – As transformações liberam lutas e dificuldades, isto é, problemas são cortados. Necessidade de acertar o passado para reconstruir um futuro melhor. Luto. Medo de sexo. Atenção às doenças ditas "incuráveis". Dinheiro por herança.

Casa 9 (Sagitário) – Fé. A passagem de um estado para outro prepara para o renascimento interior.

Casa 10 (Capricórnio) – A morte como renovação. Luto em família. A morte libera de lutas e dificuldades.

Casa 11 (Aquário) – Fim de amizades. O desapego cria lugar para pessoas novas. Transformações no que tange às amizades. Necessidade de atualizar-se.

Casa 12 (Peixes) – Sofrimento e agonia, isto é, a libertação por meio da morte (não necessariamente física) e do renascimento para uma nova vida. Tudo se transforma,

Tarô de Marselha – Manual Prático

anda, cessa. Atenção a operações ou a doenças. Resolução de algo pendente.

Síntese – *A Morte* pede o abandono do passado para se viver o presente e o futuro. Representa, ainda, as diversas pequenas mortes pelas quais cada um passa na vida.

XIIII - A Temperança

Casa 1 (Áries) – Alguém paciente, sociável, modesto, moderado, que aprecia ser respeitado, livre. Vive o momento. Adaptável a situações e circunstâncias. Sereno autocontrole. Sem cobranças. Dependente, sem iniciativa.

Casa 2 (Touro) – Excelentes melhorias nas finanças. Boa evolução e perfeito equilíbrio naquilo que se inicia. Dinheiro a conta-gotas.

Casa 3 (Gêmeos) – Sem problemas, sem cobranças. Novas amizades em viagens.

Casa 4 (Câncer) – Serenidade no lar. A pessoa respeita a liberdade, a personalidade, o modo de pensar dos outros.

Casa 5 (Leão) – Amor sem paixão, mas com harmonia. Amor durável.

Casa 6 (Virgem) – Profissionalmente bem: evolução lenta, porém regular. Modificações no trabalho. Atenção aos rins.

Casa 7 (Libra) – Pessoa pouco presente. Desejo de apaixonar-se. Gosta de relações paralelas. Na família, age com serenidade. Falta tempero à relação: há mais afeto do que pele. Confirmação de novos encontros e laços sinceros.

110

Tipos de Leitura

Casa 8 (Escorpião) – No sexo, vive o momento. Favorável aos estudos.

Casa 9 (Sagitário) – A pessoa acredita na força espiritual e em si mesma. Evolução intelectual.

Casa 10 (Capricórnio) – A pessoa se sente realizada e livre na profissão. Além disso, contenta-se com o que tem. Progresso.

Casa 11 (Aquário) – Amigos certos e presentes quando necessário. Pessoa confiável. Aumento do número de amigos.

Casa 12 (Peixes) – A pessoa busca a liberdade e a elevação espiritual. Atenção às alterações profissionais.

Síntese – *A Temperança* evoca o eterno recomeço, a liberdade e a paciência para esperar.

XV - O Diabo

Casa 1 (Áries) – Alguém inteligente, com grande influência sobre os outros. Por vezes, sem escrúpulo, de modo a destruir os outros para obter sucesso ("passar por cima"/"puxar o tapete"). Personalidade mandona. Aprecia confusão, trambique. Pessoa com poderes paranormais. Paixões violentas. Ação mágica. Magnetismo. Alguém que teme um pouco a vida. Situações consideradas como "fundo do poço".

Casa 2 (Touro) – Lucro no âmbito material considerado positivo. Ganhos importantes. Nem sempre nos negócios, as ações estão de acordo com a lei. Honestidade duvidosa. Obsessão material.

Casa 3 (Gêmeos) – Brigas e discussões. Clima não favorável à família. Dons ocultos.

Tarô de Marselha – Manual Prático

Casa 4 (Câncer) – Desentendimentos, problemas em família. Influência de energias negativas. **Casa 5 (Leão)** – Relações fortes e dominadoras. Ciúme e paixão. Atenção aos filhos (vícios, companhias etc.). **Casa 6 (Virgem)** – Sucesso profissional. Caminhos favoráveis para alcançar objetivos. Atenção ao jogo, ao álcool, às drogas etc. A pessoa pode passar por cima de outros para obter resultados desejados ("Pisar em alguém para subir."). Grande potencial para ganhar muito dinheiro. Necessidade de trocar ideias, fazer conhecer o trabalho. Atenção a trompas e ovários. No caso do consulente do sexo masculino, também observar o aparelho reprodutor.

Casa 7 (Libra) – Início de paixão (pele, cama). Ligações passageiras. Tendência a outras relações (A pessoa tem tendência ao chamado "adultério", pois age como o conhecido "garanhão de rua".). Paixões violentas. Pessoa dominadora.

Casa 8 (Escorpião) – Sexualidade à flor da pele (dito "furor uterino"). Sucesso positivo nas ambições. Pessoa propensa a situações ruins.

Casa 9 (Sagitário) – Evolução mais material do que espiritual.

Casa 10 (Capricórnio) – Sucesso. Atenção. Deve-se estar com o pé atrás. A pessoa não é sincera. Pessoa ambiciosa. Notícias da morte de alguém.

Casa 11 (Aquário) – Situação não favorável a amigos. A pessoa não se importa com amigos, amizades. Suspeita de traição.

Casa 12 (Peixes) – Problemas cármicos. Medo de prisão. Negócios escusos.

Síntese – *O Diabo* representa desejos e tentações.

XVI - A Torre

Casa 1 (Áries) – A carta representa choques, conturbações, período difícil e/ou confuso, contrariedade de projetos, desmoronamentos de toda sorte, separação de casais, cortes, possíveis acidentes, provações. Necessidade de rever valores, conceitos, de estar alerta. Alguém que tem facilidade em atrair pessoas carentes.

Casa 2 (Touro) – Nada dá certo. Falta de dinheiro coloca a pessoa em situação preocupante. Atenção a falências e sociedades, a perdas nos negócios.

Casa 3 (Gêmeos) – Nada dá certo com irmãos e outros parentes. A pessoa deve evitar viajar, pois há riscos de acidentes. Brigas. Dificuldades na família.

Casa 4 (Câncer) – Caos doméstico. Desejo de sumir de casa, de fugir. Acontecimentos traumatizantes, porém a situação ficará mais clara. Possibilidade de separação. Atenção a perdas, acidentes, desentendimentos.

Casa 5 (Leão) – A pessoa comporta-se como um déspota no âmbito dos sentimentos, sem caridade, sem amor. Problemas com filhos. Saída de casa. Perturbações na vida afetiva.

Casa 6 (Virgem) – Atenção ao trabalho (perda de emprego, demissão, mal-entendido). Rupturas. Hospital ou operação. Saída de uma longa doença com êxito. Atenção à coluna vertebral.

Casa 7 (**Libra**) – Desacordos conjugais, conflitos, separação de pessoas que se amam.

Casa 8 (**Escorpião**) – Sem vontade para o sexo. Abalos súbitos e marcantes. Atenção à saúde.

Casa 9 (**Sagitário**) – Confusão. Advertência. Queda do espírito humano. Atraso espiritual.

Casa 10 (**Capricórnio**) – Atenção a calúnias e difamações. Sem visão para o futuro. Momento de desmoronar para reconstruir. Problemas com a Justiça.

Casa 11 (**Aquário**) – Conflitos com amigos. Separação. Dificuldades.

Casa 12 (**Peixes**) – Confusão. Perigo de permanecer na mesma situação. Choque de ideias. Endurecimento da alma humana. Risco de acidentes.

Síntese – *A Torre* apresenta conturbação e choque, experiências necessárias ao crescimento e ao progresso. Solicita, portanto, reflexão, pois se trata de um momento para parar e pensar (projeto de reconstrução).

XVII - A Estrela

Casa 1 (**Áries**) – Alguém sonhador, despojado, intuitivo, esperançoso, com amor pela humanidade, pela beleza, com sentimentos puros, fé, inspiração/intuição. Fé, obstinação, otimismo: boas expectativas.

Casa 2 (**Touro**) – Rendimentos proveitosos. Lucros protegidos. Preocupações afastadas. Intuições. Equilíbrio financeiro. Sem dificuldades.

Casa 3 (Gêmeos) – Boas relações. Viagens curtas. Harmonia. Notícias. Pessoa prestativa para a família.

Casa 4 (Câncer) – Sorte. Tudo caminha de modo positivo. Bom relacionamento em casa.

Casa 5 (Leão) – Sentimentos profundos. Realização familiar. Felicidade conjugal.

Casa 6 (Virgem) – Sucesso profissional, principalmente no que tange à beleza (artes, artesanato, alimentação etc.). Boa saúde. Atenção à rinite e à sinusite.

Casa 7 (Libra) – Realização de todos os desejos afetivos. Sinceridade. Felicidade conjugal.

Casa 8 (Escorpião) – Sexo morno. Lucros concretos. Mudanças favorecidas. A pessoa deve estar atenta para não viver no futuro, nos sonhos.

Casa 9 (Sagitário) – Muita fé em si mesmo. Força regeneradora. Processos e estudos favoráveis.

Casa 10 (Capricórnio) – Sucesso profissional, público, social. Tudo tende a melhorar. Realização de um desejo.

Casa 11 (Aquário) – Novas amizades. Encontros harmoniosos. Clima calmo para amizades.

Casa 12 (Peixes) – Esperança de viver e proteção em todos os setores. Influência positiva e benéfica.

Síntese – *A Estrela* aponta para a fé, a esperança com êxito, a perseverança, a confiança no êxito.

XVIII - A Lua

Casa 1 (Áries) – Alguém angustiado, decepcionado, sensível, intuitivo, confuso, inseguro, com medo de ficar só,

Tarô de Marselha – Manual Prático

insatisfeito. Excesso de imaginação. Instabilidade. Magia. Alquimia. Atração por assuntos místicos. Necessidade de prudência, de agir mais lentamente.

Casa 2 (Touro) – Dificuldades financeiras, as quais, com cuidado, podem melhorar. Momento de quietude, de ganhos com cuidado, sem riscos, sem assinar documentos "no escuro". Imaginação e criação favorecidas. Momento bom para lidar com o público.

Casa 3 (Gêmeos) – Problemas com irmãos e outros parentes. A pessoa deve falar menos de sua vida pessoal.

Casa 4 (Câncer) – Angústia com gastos excessivos. Necessidade de mais organização. Possibilidade de mudança de residência.

Casa 5 (Leão) – Gravidez favorável. Saudades. Sonhos intensos. Vícios. Se estiver com alguém, o parceiro(a) pode ser casado(a). Mudanças no trabalho ou viagens a serviço.

Casa 6 (Virgem) – Mudanças, crises de angústia. Chamada de atenção, do tipo "puxada de tapete". Novas oportunidades. Possibilidade de dispensa ou troca de setor. Ações executadas às escondidas ("por debaixo do pano"). Atenção à depressão, ao sistema linfático. A pessoa deve procurar lugares secos e com muito sol.

Casa 7 (Libra) – Insatisfação. A pessoa poderá trair às escondidas. Sentimentos confusos. Ciúmes. Desordem. Decepção. Tristeza. Desilusão. Saudade. Falsas aparências.

Casa 8 (Escorpião) – Sensualidade. Atenção aos contágios. Magia. Feitiços. A pessoa deve seguir a intuição e

Tipos de Leitura

apostar na sorte. Problemas de saúde. Atenção aos genitais (principalmente os femininos).

Casa 9 (Sagitário) – Contradições internas. Dúvidas. Caminhos obscuros. Processos desfavoráveis. A pessoa deve estar atenta com quem fala (Sobretudo sob a ótica da espiritualidade.).

Casa 10 (Capricórnio) – Insegurança. Difamação. Discórdia. Necessidade de organização do presente.

Casa 11 (Aquário) – Amigos falsos. Discórdia. Solidão. Discussões.

Casa 12 (Peixes) – Medos. Insegurança. Reflexão. Sonhos. Saudades. Dificuldades conjugais. Problemas espirituais.

Síntese – *A Lua* simboliza o tempo que passa. Para períodos difíceis, pede calma e atenção.

XVIIII - O Sol

Casa 1 (Áries) – Amor, alegria, entusiasmo, poder. Sucesso em todas as situações. Casamento feliz. Aceitação da vida. O brilho da pessoa pode incomodar os outros (inveja). Deve-se lutar para o triunfo permanecer, não se acomodar.

Casa 2 (Touro) – Importantes ganhos materiais. Ótimas situações. Caminho de abundância aberto: as preocupações deixam de ter sentido. Esforços coroados com êxito.

Casa 3 (Gêmeos) – Pequenas viagens favorecidas. Tudo positivo com irmãos e outros parentes.

Casa 4 (Câncer) – Sorte. Novos relacionamentos. Ambiente de paz.

Tarô de Marselha – Manual Prático

Casa 5 (Leão) – Amor e afeto favorecidos. Alegria e harmonia com os filhos.

Casa 6 (Virgem) – Promoção no trabalho. Excelente período de sucesso. Possibilidade de brilhar. Boa saúde. Atenção às queimaduras, ao colesterol e aos problemas cardíacos.

Casa 7 (Libra) – Início de relações afetivas muito felizes. Casamento. Felicidade. Amor a dois. Promessas benéficas em evolução. Grandes sentimentos.

Casa 8 (Escorpião) – Sexo ótimo. Grandes lucros. Grandes transformações, com sucesso. Melhora financeira.

Casa 9 (Sagitário) – Alma que se ilumina, de modo a irradiar o amor espiritual. Encontro amoroso em viagem.

Casa 10 (Capricórnio) – Caminho dos caminhos para o sucesso. Tudo brilhará, com sucesso.

Casa 11 (Aquário) – Amizades triunfam. Grande apoio de amigos.

Casa 12 (Peixes) – Espiritualidade e iluminação interior. Amor espiritual.

Síntese – *O Sol* apresenta luz, harmonia nas questões afetivas, materiais e espirituais, além de felicidade, sucesso e fechamento positivo.

XX - O Julgamento

Casa 1 (Áries) – Necessidade de despertar para a vida e/ou para uma nova oportunidade. Renovação, atualização, já que nada é eterno. Ressurreição do que se acreditava morto. Situação que reanima a pessoa. Despertar da consciência.

Tipos de Leitura

Necessidade de sair da apatia. Modificação de projetos. Evolução de si mesmo. Experiências profundas. Esperanças em momentos de desespero. Deve-se aprender a perdoar.

Casa 2 (Touro) – Estabilidade nos negócios, com pequenos ganhos. Sorte associada ao sucesso predomina sobre aborrecimentos. A pessoa deve/pode abrir uma caderneta de poupança (de modo geral, poupar).

Casa 3 (Gêmeos) – Sem irradiação na casa 3. Notícias repentinas. Viagens protegidas. A pessoa é dedicada à família: boa parte do que ganha fica para a família. Cobrança familiar.

Casa 4 (Câncer) – Domínio do passado. No lar, tudo com julgamentos corretos. Apesar da dedicação, a pessoa não consegue satisfazer os outros. Perturbações no lar.

Casa 5 (Leão) – Início de novos encontros. Libertação de sofrimento no amor (despertar). Filhos com real satisfação. Alguém novo(a) na vida da pessoa. Possibilidade do retorno de um ex.

Casa 6 (Virgem) – Concretização no trabalho. Mudanças rápidas com sucesso. Promoções previstas. Remoções no campo profissional. Atenção à apatia, às insatisfações, à depressão.

Casa 7 (Libra) – Pessoa com grande sentimento. Libertação de sofrimento. Amor feliz. Amor à primeira vista. Alguém novo na vida da pessoa. Cobranças modificam o relacionamento.

Casa 8 (Escorpião) – Não tem irradiação na casa 8. Domínio do passado. Mudanças protegidas. Viagens. Proteção, apoio.

Tarô de Marselha - Manual Prático

Casa 9 (Sagitário) – Grande espiritualidade. Estágio superior. Domínio do passado. Viagens repentinas. Estudos favoráveis. Liberação de algo (Justiça). Casa 10 (Capricórnio) – Sucesso profissional e social. Estabilidade familiar. Modificação na vida da pessoa (fato de grande importância). Casa 11 (Aquário) – Harmonia com amigos. Ajuda. Apoio positivo. Cobranças no campo da amizade (Perturbações decorrentes de fatos que vêm à tona ou de fofocas.). Casa 12 (Peixes) – Medo do julgamento dos outros. Espírito elevado, de modo a resgatar os carmas dessa vida. Cobrança de inimigos ocultos. Abandono do passado. Morte. Síntese – *O Julgamento* evoca um novo renascer.

XXI - O Mundo

Casa 1 (Áries) – Alguém seguro, correto, harmonioso, de bom caráter. Vitória. Sucesso. Obstáculos. Dispersão, dificuldade de concentração. A pessoa pode sentir-se um tanto presa e, portanto, busca equilíbrio.

Casa 2 (Touro) – Realizações financeiras grandiosas, sempre em crescimento. Entrada fácil de dinheiro. A pessoa busca equilíbrio financeiro. Proteção. Fortuna. Negócios sólidos.

Casa 3 (Gêmeos) – Equilíbrio total com irmãos e outros parentes. Viagens favorecidas. A pessoa vive num mundo tacanho.

Casa 4 (Câncer) – Equilíbrio em casa. Novo lar. A família terá ajuda necessária de outras pessoas.

Tipos de Leitura

Casa 5 (Leão) – Amor sincero. Amor pela humanidade. Afetos harmoniosos. Novo amor equilibrado.

Casa 6 (Virgem) – Sucesso no emprego. Tudo o que a pessoa fizer será bem feito. Todos concordam com a pessoa. Ótima saúde.

Casa 7 (Libra) – Amor altruísta. Perfeição. Novo conhecimento. A pessoa detesta sentir-se presa. Energia afetiva e emoção.

Casa 8 (Escorpião) – Vida sexual ativada, a mil. Lucros. Sucessos. Heranças. Mudanças em geral. Proteção no campo financeiro.

Casa 9 (Sagitário) – Elevação espiritual. Amor pela humanidade. Supremacia mental e psíquica. Esoterismo favorável. Viagens ao exterior. Vacinas. Alerta. Novo casamento.

Casa 10 (Capricórnio) – Negócios sólidos e brilhantes. Sucesso total e público. Realização com reconhecimento público. Êxito.

Casa 11 (Aquário) – Amizades sólidas e fortes. Ajuda. Apoio. Todos os projetos se realizarão.

Casa 12 (Peixes) – Espiritualidade desenvolvida. Quitação de débito cármico. Sorte oculta. Equilíbrio. Dificuldades serão limitadas pela sorte oculta. Vigilância quanto à saúde. Indício de cura.

Síntese – *O Mundo* indica sabedoria, espiritualidade e força geradora.

Tarô de Marselha – Manual Prático

A possibilidade de quitação de débitos cármicos e/ou de viver a última reencarnação neste plano dependem não apenas de uma programação feita no plano espiritual, mas também da maneira como cada qual vive. Mais uma vez, portanto, as cartas do Tarô, como tantos outros sistemas de oráculos apresentam-se como pistas a nortear os caminhos, e não como algo definitivo que, portanto, desconsideraria o exercício do livre-arbítrio.

Para maior compreensão dos Arcanos Maiores, as tabelas seguintes foram organizadas a partir dos estudos de Bitencourt, Banzhaf, Guassimara e Fernandes.

Tipos de Leitura

Síntese dos Arcanos Maiores I

Arcanos	Palavras-Chave	Arquétipos
O Louco	Polarizações.	A criança, o tolo ingênuo.
I – O Mago	Habilidade de convencer.	O criador, o mestre.
II – A Papisa	Intuição.	A rainha do céu.
III – A Imperatriz	Mulher irresistível e poderosa.	A mãe (Mãe Natureza).
IIII – O Imperador	Poder, realização, estabilidade, proteção.	O pai (estado de pai).
V – O Papa	Dever, moral, casamento.	O santo.
VI – Os Enamorados	Dúvida, atração e repulsa.	A encruzilhada.
VII – O Carro	Direção.	A partida.
VIII – A Justiça	Equilíbrio, autoridade, retidão, separação, justiça.	Esperteza.
VIIII – O Ermitão	Calma, prudência.	O velho sábio.
X – A Roda da Fortuna	Destino, poder, mudança rápida.	A vocação, a previsão do oráculo.

Tarô de Marselha – Manual Prático

Síntese dos Arcanos Maiores I		
Arcanos	**Palavras-Chave**	**Arquétipos**
XI – A Força	Avanço com fé, força, dissolução de obstáculos.	Domesticar o animal.
XII – O Enforcado	Provação, carma, acomodação.	A prova.
XIII – A Morte	Transformação.	Morte.
XIIII – A Temperança	Bom senso.	O condutor de almas.
XV – O Diabo	Dificuldade de comunicação.	O adversário.
XVI – A Torre	Abertura da mente.	A libertação.
XVII – A Estrela	Otimismo.	Sabedoria.
XVIII – A Lua	Oculto.	A noite, a alvorada.
XVIIII – O Sol	Sucesso.	O dia, o arrebol.
XX – O Julgamento	Dúvida, cobrança, chamada de atenção.	O milagre da transformação.
XXI – O Mundo	Recompensa, realização.	O reencontro do paraíso.

Tipos de Leitura

Síntese dos Arcanos Maiores II

Arcanos	Mitos Correspondentes
O Louco	Dionísio, São Cristóvão, o Gigante-Bargueiro ou Bel-Gargan, o Bom Pastor, Jesus e os Apóstolos em Emaús
I – O Mago	Hermes, Thot, Orfeu e Jesus.
II – A Papisa	Ísis, Perséfone, Géia, a Bruxa de Endor, Nanã Buruku.
III – A Imperatriz	Deméter, Ceres, Afrodite, Vênus, a princesa que salva Moisés das águas, Ishtar, Oxum.
IIII – O Imperador	Zeus, Reis de Israel, Xangô.
V – O Papa	Quíron, Anúbis, Ezequiel, os ritos de fertilidade.
VI – Os Enamorados	A escolha de Páris, Adão e Eva, a escolha de Abraão (Sara ou Agar), Adônis, Tamuz.
VII – O Carro	Ares, Marte, Dionísio, um dos anjos da visão de Zacarias, Hórus Behdety, Ogum.
VIII – A Justiça	São Miguel Arcanjo, Santa Bárbara, Atena, Maat, Hátor, Têmis, a salomônica decisão, Iansã, Logun-Edé.
VIIII – O Ermitão	Saturno, Amós, Atum, Merlin, Ossain.
X – A Roda da Fortuna	Moiras, Deuses Solares.

Síntese dos Arcanos Maiores II

Arcanos	Mitos Correspondentes
XI – A Força	Hércules e o Leão de Neméia, Sansão e Dalila, Gilgamesh, Oxóssi.
XII – O Enforcado	Prometeu acorrentado, a queda de Antioquia, Odin.
XIII – A Morte	Os ritos de carnaval, saturnálias, o anjo da morte que ceifa os primogênitos egípcios, Obaluaê/Omolu.
XIIII – A Temperança	Íris, Elias alimentado por um anjo, Quíron, a morte de Hércules, Ganimedes.
XV – O Diabo	Seth, Khnum, o diabo tentando Jesus, Pã, deuses pastores, Exu.
XVI – A Torre	Torre de Babel, Labirinto de Minos, Prometeu que rouba o fogo dos deuses.
XVII – A Estrela	Pandora, Ariadne, Susana no banho, Iemanjá.
XVIII – A Lua	Hécate, decadência da Babilônia, grandes santuários de oráculos.
XVIIII – O Sol	Apolo, Fiat Lux (o "Faça-se a Luz" bíblico), Touro Sagrado de Mitra, Rá, Aton, Oxalá, Erês.
XX – O Julgamento	Hermes Psicopompo, Juízo Final, Tribunal dos Mortos, Mefesto.
XXI – O Mundo	Deméter, Hermafrodita, Eva como mãe do mundo.

7

O Tarólogo e o Baralho

O tarólogo deve identificar-se com o sistema de cartas escolhido, bem como com o baralho com o qual trabalhará. Por essa razão, alguns professores sugerem colocar sob o travesseiro cada uma das cartas (ou ao menos as dos Arcanos Maiores) durante uma semana e dormir sobre ela. Também se sugere manipular bastante o baralho, a fim de impregná-lo sua da energia pessoal.

Cada qual deve escolher um ritual com o qual se identifique. Deve o baralho ser guardado com cuidado e carinho, numa sacolinha, numa caixa, envolto num pano ou da forma considerada mais confortável pelo tarólogo.

Como sou reikiano, fiz uma aplicação (presencial e reprogramada) no meu Tarô de Marselha e, antes de cada trabalho e/ou leitura, mentalizo os símbolos Reiki. Além disso, utilizei-me de uma técnica ensinada por minha professora de Tarô, a escolha do dono do Tarô e da carta que cobrirá o baralho. Após uma mentalização/prece, baralham-se as cartas

Tarô de Marselha - Manual Prático

e sorteia-se uma, que será o dono do Tarô, colocada sempre como a primeira no momento de organizar o baralho.

A seguir, escolhe-se uma carta para cobrir o baralho, a qual ficará *de frente* sobre a carta do dono do Tarô, como se a beijasse. Essa disposição das cartas independe de serem guardadas ou não na sequência: a carta-dono sempre será a primeira e estará coberta por aquela escolhida pelo tarólogo. Particularmente, prefiro deixar meu baralho sempre na sequência (0 a XXI), com exceção da XII, sempre a primeira, posto ser a carta-dono, e a I, que cobre o conjunto de cartas.

Com o tempo e a afinidade com a Linha Cigana, no meu caso, firmezas, aberturas e fechamentos de sessões de leitura passaram a ser mais direcionados e guiados tanto por essa Linha quanto pelos Orixás, Guias e Guardiões. Em especial, no caso do Tarô dos Orixás, as consagrações, firmezas, aberturas e fechamentos são ainda mais direcionados. Uso formas particulares, que, certamente, poderão não ser as mesmas utilizadas por outros irmãos.

Por razões de sintonia energética, convém separar um pano exclusivo para dispor as cartas, todavia se, e quando, isso não for possível, seja feita um mentalização e/ou uma prece e se utilize o material disponível, pois a intenção é o mecanismo central de qualquer trabalho espiritual, energético, e não o ritual em si.

Após o corte, as cartas podem ser dispostas pelo tarólogo, conforme a sequência do monte que tem em mãos, ou escolhidas pelo consulente. Para tanto, podem ser dispostas num monte, em montes, em leque ou de outras formas confortáveis tanto para o tarólogo quanto para o consulente.

8

Tarô: Instrumento Lúdico de Autoconhecimento

Das diversas recriações e adaptações do Tarô tradicional, uma das mais interessantes é a do chamado *Tarô da Criança Interior*, organizada por Isha Lerner e Mark Lerner, cujos arcanos maiores baseiam-se em contos de fadas e outras narrativas repletas de significados para crianças e adultos.

Nesse baralho, a carta correspondente à *A Força* é a número 8; a *A Justiça*, a número 11. Os algarismos romanos são grafados da maneira mais conhecida hoje, não como no Tarô de Marselha.

Tarô de Marselha – Manual Prático

Tarô da Criança Interior	Correspondência ao Tarô Tradicional	Regente Zodiacal
0 – Chapeuzinho Vermelho	*O Louco*	Urano
I – Aladim e a Lâmpada Mágica	*O Mago*	Mercúrio
II – A Fada Madrinha	*A Papisa*	A Lua
III – Mamãe Ganso	*A Imperatriz*	Vênus
IV – As Roupas Novas do Imperador	*O Imperador*	Áries
V – O Mago	*O Papa*	Touro
VI – Joãozinho e Maria	*Os Enamorados*	Gêmeos
VII – Peter Pan	*O Carro*	Câncer
VIII – A Bela e A Fera	*A Força*	Leão
IX – Branca de Neve	*O Ermitão*	Virgem
X – Alice no País das Maravilhas	*A Roda da Fortuna*	Júpiter

Tarô: Instrumento Lúdico de Autoconhecimento

Tarô da Criança Interior	Correspondência ao Tarô Tradicional	Regente Zodiacal
XI – O Toque de Midas	*A Justiça*	Libra
XII – João e o Pé de Feijão	*O Enforcado*	Netuno
XIII – A Bela Adormecida	*A Morte*	Escorpião
XIV – O Anjo da Guarda	*A Temperança*	Sagitário
XV – O Lobo Mau	*O Diabo*	Capricórnio
XVI – Rapunzel	*A Torre*	Marte
XVII – A Estrela dos Desejos	*A Estrela*	Aquário
XVIII – Cinderela	*A Lua*	Peixes
XIX – A Estrada de Tijolos Amarelos	*O Sol*	O Sol
XX – Os Três Porquinhos	*O Julgamento*	Plutão
XXI – A Criança Terra	*O Mundo*	Saturno

Tarô de Marselha - Manual Prático

Correspondências – Naipes		
Criança Interior	**Tarô**	**Elementos**
Condão	Paus	Fogo
Espadas	Espadas	Ar
Corações alados	Copas	Água
Cristais	Ouros	Terra

Figuras	
Criança de Varinhas de Condão	O Pequeno Príncipe
A exploradora de Varinhas de Condão	Dorothy
Guia de Varinhas de Condão	O flautista de Hamelin
Guardião de Varinhas de Condão	Rafael
Criança de Espadas	Pinóquio
O explorador de Espadas	O Espantalho
Guia de Espadas	Robin Hood
Guardião de Espadas	Miguel
Criança de Corações Alados	Cachinhos Dourados
O explorador de Corações Alados	O Homem de Lata
Guia de Corações Alados	A Fada Boa
Guardiã de Corações Alados	Gabriela
Criança de Cristais	Huck Finn
O explorador de Cristais	O Leão Covarde
Guia de Cristais	Papai Noel
Guardiã de Cristais	Gaia

Tarô: Instrumento Lúdico de Autoconhecimento

A criança, curiosa, cresce e se torna exploradora. Com as experiências, passa a partilhar os caminhos descobertos: torna-se guia. Responsável, é guardiã dos conhecimentos partilhados.

9

Meditações com o Tarô I

0 - O Louco

O desejo do **Louco** é caminhar. Por isso, carrega apenas o necessário e sabiamente se apoia em seu bastão.

Como sua busca não tem limites, às vezes pode andar a esmo, de modo a perder seus objetivos. Para auxiliá-lo, o cãozinho companheiro o alerta dos perigos: abismos, ladrões etc. e o principal deles, o abandono dos sonhos, das metas pessoais.

Quando em desequilíbrio, o **Louco** pode ficar estressado, deprimido, ou abusar de remédios e recorrer a automedicação. Nesses casos, deve repousar, observar a paisagem e, então, retomar as passadas. O desejo de liberdade, de independência e o cãozinho leal o acompanharão sempre na jornada.

O **Mundo** é dos que trilham o próprio caminho, movidos pela loucura divina.

I - O Mago

O **Mago** é o criador por excelência, o alquimista, aquele que transmuta, encanta, magnetiza. Por vezes, em virtude de seu talento, deixa-se levar pela vaidade e mente, ilude, engana, comporta-se de forma inversa a do praticante da boa magia para o bem pessoal e coletivo.

Inventivo e comunicativo, o **Mago** atrai para a sua bancada muitos expectadores. Deve, portanto, atentar para usar a magia (inclusive a das palavras) conforme a ética do coração.

Quando em desequilíbrio, pode ter dores de cabeça sem gravidade e/ou enxaquecas.

O **Mago** é capaz de transmutar a energia do **Mundo**, de recriá-lo sempre.

II - A Papisa

A **Papisa** representa a sabedoria, o silêncio, a introspecção. Calma, tranquilidade, recolhimento: atributos necessários para compreender o conteúdo do livro que segura nas mãos. Por vezes, pode ater-se demais ao livro ou a sua cadeira, de modo a manifestar a preguiça de interagir. Também pode, à maneira do leitor Alonso Quejada, perder-se no excesso de imaginação e tornar-se uma espécie de Quixote feminina.

Quando em desequilíbrio, pode apresentar problemas no útero, nos ovários e/ou nos intestinos.

Em seu silêncio, a **Papisa** ensina para o **Mundo** a importância do recolhimento e da paciência na geração de novos projetos, novas ideias.

III - A Imperatriz

A **Imperatriz** evoca a força espiritual, a ação, a evolução, a sabedoria (em especial a da *anima*). Às vezes deixa-se levar pelos próprios encantos e se torna ou frívola, ou pródiga em excesso, ou ainda "mãezona", de modo a comprometer sua essência.

Quando em desequilíbrio, a **Imperatriz** pode estafar-se, sofrer de fadiga nervosa, dos nervos em geral, ou ainda vivenciar a esterilidade.

A **Imperatriz** contribui para o **Mundo** ser um espaço alegre, de celebração, cores, vida plena.

IIII - O Imperador

O **Imperador** representa o poder, a autoridade, as decisões, o aspecto material. Às vezes, por temer o exercício da autoridade, acomoda-se, imobiliza-se, entrega-se à fraqueza de caráter e/ou ao dogmatismo.

Quando em desequilíbrio, pode desenvolver problemas nas articulações e no estômago. Então, para reencontrar o centro, precisa flexibilizar-se e abrir-se para o novo.

O **Imperador** demonstra que o **Mundo** melhor desejado é real, pode ser construído com determinação e sabedoria.

V - O Papa

O **Papa** representa a força espiritual, os compromissos, a consciência, o livre-arbítrio, a responsabilidade, a espiritualidade, o bom conselheiro. Às vezes, com o ego inflado, manifesta-se como mau conselheiro, dogmático, intolerante, moralista, pedante, em outras palavras, pouco humano e compassivo. Quando em desequilíbrio, pode apresentar problemas na coluna e na cabeça (sobretudo enxaquecas).

O **Papa** evoca a espiritualidade para o **Mundo**, construído dia a dia, por meio do pensamento, da ação, da criatividade, do respeito, do idealismo, da diversidade. O **Mundo** é para todos, é ecumênico. A espiritualidade está em tudo!

VI - Os Enamorados

Os **Enamorados** evocam o coração, o sentimento, as uniões, assim como a necessidade de escolher, de decidir de maneira responsável. Por vezes, a irresponsabilidade, a indecisão, a hipocrisia ou vícios embotam a caminhada, paralisam. A beleza desse processo é a possibilidade de se reiniciar o percurso, com mais atenção à paisagem e às dificuldades do caminho (solo, instabilidade do clima etc.).

Quando em desequilíbrio, podem manifestar-se desequilíbrio emocional, nervosismo, fadiga, desgaste físico (Principalmente relacionados aos pés, à garganta, ao estômago.).

Os **Enamorados** ensinam que o **Mundo** baseado na ética do coração resulta de decisões, escolhas e atitudes conscientes.

VII - O Carro

O **Carro** representa o sucesso, o triunfo, obstáculos vencidos, viagens. Por outro lado, também refere-se a fracassos, doenças e sobretudo a perdas inesperadas, de última hora. Exemplo: falta apenas assinar os papéis para a compra de um imóvel quando o proprietário repentinamente desiste da transação.

Quando em desequilíbrio, pode manifestar-se o desgaste físico, sobretudo nas pernas. Entretanto, o **Carro**, de modo geral, anuncia excelente saúde.

O **Carro** confere ao **Mundo**, ritmo, equilíbrio, a noção de que movimento e pausa são igualmente importantes em qualquer caminhada – síntese dos opostos complementares.

VIII - A Justiça

A **Justiça** representa equilíbrio, harmonia, regularidade, estabilidade e, evidentemente, justiça. Às vezes, prende-se à letra em detrimento do espírito, torna-se intolerante, injusta e até fanática.

Quando em desequilíbrio, pode apresentar problemas respiratórios, obesidade, diabetes, problemas de pressão e/ou cardíacos.

A **Justiça** traz o equilíbrio ao **Mundo**, principalmente quando se pauta pela ética do coração, e não por dogmatismos e/ou códigos morais rígidos, desatualizados, que machucam em vez de proporcionar paz e harmonia aos indivíduos e às coletividades.

VIIII - O Eremita

O **Eremita** evoca o silêncio, o recolhimento, a meditação, prudência, sabedoria. Às vezes, o recolhimento torna-se excessivo (misantropia), o que traduz o sentimento de avareza de guardar(-se), imaturidade, necessidade de proteção, imprudência.

Quando em desequilíbrio, pode apresentar problemas de reumatismo.

O **Eremita** ensina que a luz interior, afinada com a exterior, torna o **Mundo** mais iluminado. As soluções, por vezes, podem até vir lentamente, mas haverá sempre a luz no fim do túnel nas mãos do paciente e amoroso **Eremita**.

X - A Roda da Fortuna

A **Roda da Fortuna** representa mudanças, transformações, movimento. Tudo se transforma, sempre. Por essa razão, é necessário atentar-se para o fluxo da vida e desenvolver a sabedoria da flexibilidade, sobretudo em momentos de instabilidade.

Quando em desequilíbrio, pode vivenciar alterações de estados de ânimo. Contudo, de modo geral, a **Roda da Fortuna** indica boa saúde.

A **Roda da Fortuna** lembra que a história do **Mundo** é um contínuo. Aceitar o princípio da impermanência é a melhor maneira de permanecer sereno, deixar a vida fluir como a água, que determina o próprio curso.

XI - A Força

A **Força** aconselha o uso da força interna, do poder interior, e não da violência ou da arbitrariedade. Em vez de negar os instintos, ensina a aceitá-los amorosamente e a educá-los. Por vezes, representa a apatia, o domínio da matéria sobre o espírito, inversão de valores. Quando em desequilíbrio, pode favorecer a obesidade, os problemas sexuais e/ou sanguíneos, bem como a anemia.

A **Força** ensina que a grande lição da vida não é governar o **Mundo**, mas cuidar de si mesmo, por meio do autoconhecimento, da aceitação das sombras, as quais devem ser trabalhadas. Quanto mais equilibrado for alguém (mundo interior), mais equilibrado fará o mundo a sua volta (mundo exterior). A carta ensina, ainda, que fazer da fraqueza força é uma arte.

XII - O Enforcado

O **Enforcado** evoca a crise, a busca pela solução de problemas, por vezes a passividade diante da vida, das situações, impotência, paralisia. Carta de grande aprendizado, representa também mediunidade (de toda sorte) e doação e/ou sacrifício.

Quando em desequilíbrio, favorece a depressão nervosa, a perda de vitalidade e o acirramento de problemas cármicos.

O **Enforcado** ensina ao **Mundo** que as crises podem ser oportunidades de crescimento. Além disso, para melhor aproveitamento das experiências, sugere flexibilidade: "Em vez de passar por uma crise, que tal deixar que ela passe por você?".

XIII - A Morte

A **Morte** indica passagem, transformação (não necessariamente a morte física). Por isso também representa fertilidade e desenvolvimento.

Quando em desequilíbrio, aponta para fadiga e ferimentos.

A **Morte** alerta o **Mundo** sobre a transitoriedade, os ciclos da natureza, o desapego. Aceitar e compreender a **Morte** torna a existência mais leve, pois significa aceitar e compreender a própria imortalidade, uma vez que a vida não acaba, mas se transmuta.

XIIII - A Temperança

A **Temperança** evoca a síntese dos opostos, a disciplina, o autocontrole, a sociabilidade e mesmo viagem bem sucedida. Às vezes, representa o oposto: a falta de personalidade, de controle; a indisciplina.

Quando em desequilíbrio, pede cuidados com os rins.

A **Temperança** relembra ao **Mundo** da importância do equilíbrio e da disciplina como formas de organização, e não como camisas-de-força, como manifestações da inflexibilidade e/ou da intolerância.

XV - O Diabo

O **Diabo** evoca, sobretudo, estagnação, frustração, algo com características de instransponível, tudo o que está amarrado, nós atados. Representa também inteligência, magnetismo e o aspecto material da vida. Quando em desequilíbrio, pode afetar o aparelho reprodutor, masculino e/ou feminino.

O **Diabo** lembra que o **Mundo** é feito de luz e de sombras, as quais precisam ser compreendidas amorosamente, pois, se negadas e/ou simplesmente sublimadas (não transcendidas), comportar-se-ão de maneira nada compassiva. Lembra, ainda, que o material, o físico e o carnal, são tão importantes quanto o espiritual, na totalidade que compõe o ser humano.

XVI - A Torre

A **Torre** evoca catástrofes, excessos, confusões (disputas, violência, guerras), doenças, acidentes, falta de definição, punições, perda de liberdade. Trata-se, ainda, uma carta que demanda bastante fé.

Quando em desequilíbrio, pede atenção à coluna vertebral. Também representa hospital, cirurgia e recuperação da saúde após longa doença.

A **Torre** lembra ao **Mundo** a importância de se manter a fé (no Universo, em Deus, em si, na vida etc.). Quando a casa literalmente cai, é necessário ter coragem para reconstruí-la, de preferência com novo projeto, mais sólido, ainda mais sábio.

Tarô de Marselha – Manual Prático

XVII - A Estrela

A **Estrela** evoca a inspiração em geral, a criatividade, o contato e a inspiração de alguém. Por vezes, representa a chamada má sorte, as emoções desenfreadas ou mal conduzidas e mesmo as ditas doenças mentais. Quando em desequilíbrio, pede atenção à rinite e à sinusite. Porém, de modo geral, indica boa saúde. A **Estrela** inspira, estabelece contato com o espiritual, o artístico. Sob a proteção da **Estrela**, é possível (re-)criar o **Mundo** a todo instante.

XVIII - A Lua

A **Lua** aponta para a necessidade de compreensão, paciência e espera; de meditação sobre sonhos, pesadelos, emoções etc.

Por vezes, chama a atenção para algo ruim, para o excesso de imaginação, para influências negativas, perigos, desequilíbrio (drogas, álcool etc.), ilusão, perdas, pequenos prejuízos, fraudes.

Quando em desequilíbrio, solicita cuidados para com a depressão e o sistema linfático. Lugares secos e com sol serão bem vindos.

A **Lua** ensina ao **Mundo** a importância de se compreender os sentimentos, as emoções, os sonhos e de se respeitar os ciclos (as fases) da existência. Os verdadeiros sonhos não obliteram a realidade concreta: antes, a transformam.

XVIIII - O Sol

O **Sol** evoca aspectos positivos, clareza de expressão, bons relacionamentos, sucesso, contentamento, felicidade. Pode também significar mal-entendidos, falhas, perda de valores, inveja. Quando em desequilíbrio, pode manifestar queimaduras, problemas de colesterol e/ou cardíacos. No geral, entretanto, indica boa saúde.

O **Sol** ensina ao **Mundo** que após o momento mais sombrio da madrugada eclode o amanhecer. A luz nunca se apaga. Literalmente, o Sol nasce para todos!

XX - O Julgamento

O **Julgamento** evoca regeneração, sucesso diante de dificuldade, proteção, decisões favoráveis. Por outro lado, também indica falta de apoio, indecisão, divórcio e/ou rompimento de laços bem estabelecidos, falhas em empreendimentos.

Quando em desequilíbrio, pode apresentar apatia, insatisfação, depressão.

O **Julgamento** ensina o **Mundo** a renovar-se, recriar-se, a viver o presente, a desapegar-se do passado (Deixar que os mortos enterrem seus mortos.).

XXI - O Mundo

O **Mundo** evoca sucesso, segurança, realização, recompensa. Por vezes, significa também obstáculo a ser superado, insegurança, ligações a questões terrenas. Representa, ainda, ótima saúde. Mais do que conquistado, o **Mundo** deve ser cuidado, preservado. Os obstáculos e crises fortalecem. A vivência maior de cada ser é o autoconhecimento. Nesse contexto, assim como um campeão desportivo não abandona os treinamentos após cada troféu ou medalha, a evolução segue seu curso a todo instante.

O **Mundo** é harmonia, unidade, plenitude.

10

Meditações com o Tarô II: O Casamento das Cartas

As cartas do Tarô podem render deliciosas brincadeiras holísticas. Imagine uma Festa Junina em que os pares sejam agrupados. Desses pares, resultarão crianças (filhos, afilhados, netos etc.).

Seguem as combinações: você poderá elaborar outras, conforme sua intuição, independentemente do gênero da figura principal de cada carta.

Para essa brincadeira, deve-se reduzir a somatória das cartas a números de 1 a 21. A fim de obter o resultado desejado, considerei a carta **O Louco** como 22, mas você poderá considerá-la como **0** (A carta pode ocupar esses dois lugares na sequência dos Arcanos Maiores.).

Divirta-se!

Tarô de Marselha – Manual Prático

A Papisa (2) + O Papa (5) = O Carro (7)

A criança *O Carro*, símbolo do triunfo e do sucesso, herda de seus padrinhos a introspecção, o silêncio, a paciência, a generosidade e a capacidade de diálogo que são necessários para realizar seus projetos. Sabe a importância de preparar-se para realizar seus sonhos (por meio da intuição, do estudo, do diálogo etc.) e de ouvir os conselhos do coração.

Gosta de divertir-se tanto em grupo como sozinha.

A Imperatriz (3) + O Imperador (4) = O Carro (7)

A criança *O Carro*, símbolo do triunfo e do sucesso, herda de seus pais a alegria, a força espiritual, bem como a determinação, o empenho, a força de vontade. Dessa forma, ao equilibrar o eixo horizontal (terreno, material) com o vertical (divino, espiritual), a criança *O Carro* terá autonomia para percorrer com segurança os melhores caminhos.

Ninguém segura esse bebê!

A Lua (18) + O Sol (19) = A Roda da Fortuna (10)

A criança *A Roda da Fortuna*, símbolo das transformações e do movimento, herda de seus pais a atenção para com os recados apresentados em sonhos, a harmonização com o fluxo e o ritmo da vida, bem como o magnetismo, a alegria, o brilho, o entusiasmo.

Criança alegre e sonhadora! Gosta de brincar, representar, criar e, claro, organizar todas essas gostosuras.

A Temperança (14) + O Diabo (15) = A Força (11)

A criança **A Força** representa o ser humano em equilíbrio, pois compreende e aceita tanto a luz quanto a sombra manifestadas em si. Sabe que a verdadeira força é interior: não nega os instintos, mas os aceita e os direciona para a própria felicidade e para o bem-estar coletivo.

Pode-se até duvidar, mas há muitas crianças conscientes da verdadeira força, sobretudo neste novo milênio.

A Morte (13) + O Julgamento (20) = Os Enamorados (6)

A criança **Os Enamorados** é extremamente amorosa, decidida, ciente de suas escolhas. Herda dos padrinhos o desapego (sobretudo ao passado) e a capacidade de regeneração, de renovação. Sabe, portanto, lidar bem com novas situações, mudanças.

Numa casa nova, embora sinta saudades da anterior, arruma logo seu quarto, seu espaço, adaptando-se com facilidade.

O Enforcado (12) + O Mundo (21) = Os Enamorados (6)

A criança **Os Enamorados**, desde pequena (talvez por ser bastante amorosa), aprende a lidar com dificuldades, com crises, de modo a transformá-las em oportunidades de crescimento. Herança dos pais, essa versatilidade lhe permite reverter situações a princípio desfavoráveis em aprendizados a serem utilizados por toda a vida.

Sabe que um joelho ralado pode até tirá-la do campo por alguns minutos, mas não a impedirá de marcar pontos para seu time.

O Carro (7) + A Roda da Fortuna (10) = A Estrela (17)

A criança **A Estrela** sabe que a vida é movimento, por vezes tumultuados. Em seu coração, sente a importância de manter-se ancorada em seus propósitos, a fim de não desistir dos mesmos.

Intuitiva, atenta aos sinais, tem os reflexos apurados e autocontrole. Não é à toa que aprecia carrinhos de bate-bate e rodas gigantes!

O Mago (1) + A Estrela (17) = A Lua (18)

A criança **A Lua** é bastante sensível, às vezes paciente, outras vezes um tanto irrequieta. Bastante criativa, costuma adaptar-se a ambientes, situações etc., desde que esteja "antenada" com o entorno, com as circunstâncias.

Pela manhã, adora conversar sobre os sonhos da noite anterior. Assunto, certamente, não lhe falta!

A Justiça (8) + O Louco (22) = A Imperatriz (3)

A criança *A Imperatriz* é extremamente alegre, comunicativa, festeira. Consegue trazer alegria e motivação mesmo nas situações mais tensas e disciplinadas, como um treino esportivo, um trabalho escolar etc. Descontraída, é boa improvisadora, exatamente por ter estudado seu papel com bastante dedicação.

Sabe que disciplina é sinônimo de organização, o que facilita a brincadeira. Aliás, como toda sábia criança, brinca com a verdadeira seriedade. Ou por que você acha que, quando está rolando no chão, descontraída, fazendo de conta que aquele espaço é um estacionamento, e você de repente pisa ali, ela fica braba?

O Ermitão (9) + A Força (11) = A Papisa (2)

A criança *A Papisa* precisa ser bastante compreendida. O fato de, por vezes, gostar de brincar sozinha, ou de ficar quietinha, observando a paisagem ou lendo, não significa necessariamente que algo está errado. Ao contrário, valoriza seu espaço interior, seus momentos de solidão criativa, mas também as brincadeiras em grupo, já que possui uma força apaziguadora que resolve tumultos, brigas, disputas.

Adora conversar, na mesma medida em que aprecia ficar quietinha, num canto acolhedor, simplesmente (?) existindo.

Os Enamorados (6) + A Torre (16) = O Louco (22)

A criança *O Louco* é bastante amorosa, criativa, eclética, divertida. Seu quarto nem sempre é arrumadinho, mas a aparente bagunça revela ousadia. Às vezes fica em dúvida em, por exemplo, que roupa escolher. Não se deixa abater: quando cai, se levanta, se recupera. Aliás, isso é bastante importante para quem, como ela, gosta de caminhadas, ótima maneira de manter a saúde e oxigenar os pensamentos, o espírito.

11

Bibliografia

Quadros, tabelas e informações disponíveis neste livro foram retirados e/ou adaptados da prática de leitura das cartas e do estudo do Tarô, bem como do material apontado na bibliografia. A fim de facilitar a leitura e evitar notas de rodapé, ao longo do texto não apontei as fontes. Além disso, infelizmente, parte do material consultado proveio de antigas fotocópias emprestadas por amigos, nas quais não havia qualquer referência bibliográfica.

Livros

BANZHAF, Hajo. *O Tarô e a Viagem do Herói*. São Paulo: Pensamento, 2005.

BARBOSA JR., Ademir (Prof. Dermes). *Transforme sua vida com a Numerologia*. São Paulo: Universo dos Livros, 2007.

_____. *Transforme sua vida com o Tarô*. São Paulo: Universo dos Livros, 2007.

_____. *Tarô* (Coleção Terapias Complementares). São Paulo: Case Editorial, 2011.

GODO, Carlos. *O Tarô de Marselha*. São Paulo: Pensamento, 2005.

FERNANDES, Fernanda. *Desvendando Tarô*. 3ª ed. Rio de Janeiro: Pallas, 2003.

FERREIRA, António. Gomes. *Dicionário de Latim-Português*. Porto: Porto Editora, 1982.

KAPLAN, Stuart R. *El Tarot*. Barcelona: Plaza e Janes Editores, 1993. (Tradução de Juan Moreno).

LERNER, Isha e LERNER, Mark. *O Tarô da Criança Interior*. São Paulo: Cultrix, 2004.

PESSOA, Fernando. *O Guardador de Rebanhos e outros poemas*. São Paulo: Cultrix, 1993. (Seleção e introdução de Massaud Moisés).

Sites

http://belattrix.sites.uol.com.br

http://br.geocities.com/taroemmovimento/arcanosmaiores.htm

http://www.guidedelavoyance.com/services/tarot.htm

Apostilas

BITENCOURT, Adélia *Curso de Tarot*. São Vicente, 2005 (fotocópia).

GUASSIMARA. *Curso de Tarot*. São Vicente, 2005 (fotocópia).

O Autor

Ademir Barbosa Júnior (Dermes) é umbandista, escritor, pesquisador e Pai Pequeno da Tenda de Umbanda Iansã Matamba e Caboclo Jiboia, dirigida por sua esposa, a escritora e blogueira Mãe Karol Souza Barbosa.

Outras publicações

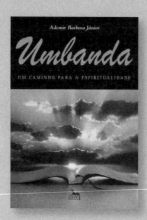

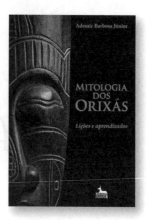

UMBANDA – UM CAMINHO PARA A ESPIRITUALIDADE

Ademir Barbosa Júnior (Dermes)

Este livro traz algumas reflexões sobre a Espiritualidade das Religiões de Matriz Africana, notadamente da Umbanda e do Candomblé. São pequenos artigos disponibilizados em sítios na internet, notas de palestras e bate-papos, trechos de alguns de meus livros.

Como o tema é amplo e toca a alma humana, independentemente de segmento religioso, acrescentei dois textos que não se referem especificamente às Religiões de Matriz Africana, porém complementam os demais: "Materialização: fenômeno do algodão" e "Espiritualidade e ego sutil".

Espero que, ao ler o livro, o leitor se sinta tão à vontade como se pisasse num terreiro acolhedor.

Formato: 16 x 23 cm – 144 páginas

MITOLOGIA DOS ORIXÁS – LIÇÕES E APRENDIZADOS

Ademir Barbosa Júnior (Dermes)

O objetivo principal deste livro não é o estudo sociológico da mitologia iorubá, mas a apresentação da rica mitologia dos Orixás, que, aliás, possui inúmeras e variadas versões.

Não se trata também de um estudo do Candomblé ou da Umbanda, embora, evidentemente, reverbere valores dessas religiões, ditas de matriz africana.

Foram escolhidos alguns dos Orixás mais conhecidos no Brasil, mesmo que nem todos sejam direta e explicitamente cultuados, além de entidades como Olorum (Deus Supremo iorubá) e as Iya Mi Oxorongá (Mães Ancestrais), que aparecem em alguns relatos.

Formato: 16 x 23 cm – 144 páginas

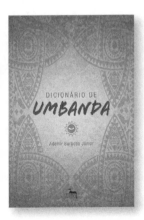

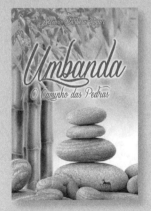

DICIONÁRIO DE UMBANDA

Ademir Barbosa Júnior (Dermes)

Este dicionário não pretende abarcar toda a riqueza da diversidade do vocabulário umbandista em território nacional e no exterior, muito menos das suas variações litúrgicas, das vestimentas, do calendário, dos fundamentos etc., a qual muitas vezes varia de casa para casa, de segmento para segmento.

Como critério de seleção, optou-se pelos vocábulos de maior ocorrência, contudo sem desprezar regionalismos, variantes e outros.

Vocábulos específicos dos Cultos de Nação aparecem na lista, ou porque fazem parte do cotidiano de algumas casas de Umbanda, ou porque se referem a práticas comuns nas casas ditas cruzadas.

Formato: 16 x 23 cm – 256 páginas

UMBANDA – O CAMINHO DAS PEDRAS

Ademir Barbosa Júnior (Dermes)

O resumo desse farto material compõe as narrativas que se seguem, nas quais, evidentemente, preservei as identidades dos encarnados e desencarnados envolvidos, bem como as identidades dos Guias e Guardiões, assim como as dos templos umbandistas.

Para facilitar a compreensão e privilegiar a essência dos casos estudados, cada narrativa é a síntese de visitas, conferências e exibições de casos, sem que se aponte a cada instante qual o método utilizado.

As narrativas possuem caráter atemporal e representam algumas das sombras da alma humana, em constante evolução, com ascensões e quedas diárias. Tratam de situações que ocorrem em qualquer ambiente, recordando o conselho crístico de orar e vigiar.

Formato: 14 x 21 cm – 144 páginas

Outras publicações

POR QUE RIEM OS ERÊS E GARGALHAM OS EXUS?

Ademir Barbosa Júnior (Dermes)

Há diversos livros sobre Espiritualidade e bom humor em diversos segmentos religiosos ou espiritualistas. Este livro é uma pequena contribuição para o riso consciente, saboroso, e não para o bullying ou para se apontar o dedo. O objetivo é rir *com*, e não rir *de*.

Em tempo, além de motivados pela alegria, os Erês riem também para descarregar os médiuns, tranquilizar e suavizar os que falam com ele, harmonizar o ambiente etc.

Já os Exus e as Pombogiras gargalham não apenas por alegria. Suas gostosas gargalhadas são também potentes mantras desagregadores de energias deletérias, emitidos com o intuito de equilibrar especialmente pessoas e ambientes.

Formato: 14 x 21 cm – 128 páginas

NO REINO DOS CABOCLOS

Ademir Barbosa Júnior (Dermes)

Este livro é um pequeno mosaico sobre os Caboclos, estes Guias tão importantes para o socorro e o aprendizado espirituais, cuja ação ultrapassa as fronteiras das religiões de matrizes indígenas e africanas para chegar, ecumenicamente e sob formas diversas, ao coração de todos aqueles que necessitam de luz, orientação, alento e esperança.

Formato: 14 x 21 cm – 144 páginas

ORIXÁS – CINEMA, LITERATURA E BATE-PAPOS

Ademir Barbosa Júnior (Dermes)

Este livro apresenta alguns textos para reflexões individuais e coletivas. A primeira parte dele aborda curtas e longas-metragens em que Orixás, Guias e Guardiões são representados, relidos, recriados. A segunda parte traz propostas de leituras da riquíssima mitologia dos Orixás, como oralitura e literatura. Já a terceira parte deste livro apresenta textos seminais para que se compreenda a história e a luta do Povo de Santo, bem como as alegrias e dores individuais da filiação de Santo.

Possam os textos sempre favorecer o diálogo e, quando necessário, contribuir para o debate.

REIKI – A ENERGIA DO AMOR

Ademir Barbosa Júnior (Dermes)

Este livro resulta, sobretudo, do diálogo fraterno com reikianos, leitores, interlocutores virtuais e outros.

Não tem a intenção de esgotar o assunto, mas abrirá canais de comunicação para se entender ainda mais a vivência e a prática do Reiki.

Nas palavras de Jung, "Quem olha para fora, sonha; quem olha para dentro, acorda.". O Reiki é um excelente caminho para quem deseja viver conscientemente o dentro e o fora. Basta ter olhos de ver e abrir-se à Energia, no sistema Reiki, por meio de aplicações e/ou de iniciações.

Formato: 14 x 21 cm – 144 páginas

Formato: 16 x 23 cm – 192 páginas

Dúvidas, sugestões e esclarecimentos
E-mail: ademirbarbosajunior@yahoo.com.br
WhatsApp: 47 97741999

Distribuição exclusiva

www.aquarolibooks.com.br